清代皇帝系列丛书

乾隆皇帝画传

李湜 著

紫禁城出版社

CONTENTS

【目录】

祥和安宁的早年生活

众说纷纭话身世

康熙五十年(1711年)是十二生肖中的兔年，这年的9月25日(农历八月十三日)子夜，一声婴儿的啼哭，宣示了一个新生命的诞生。

25年后，当年的幼婴已长大成人，并成为一代君主。此后，他身居皇位60年，85岁时才宣告退位，继而又做了3年多的太上皇，最后寿终正寝在他依依不舍的皇位上。这位皇帝名为爱新觉罗·弘历，继帝位后被尊称为乾隆皇帝(简称乾隆帝)。他是我国历史上统治疆域最广、实际执政时间最久的一朝帝王。

但是，他的身世却给后人带来许多谜团和疑惑。比如，他的母亲是谁？他的出生地在那里？

狮子园小景

《胤禛朗吟阁行乐图》（局部）

朗吟阁位于圆明园内，图中端坐者为胤禛当皇子时画像

一种说法认为，弘历出生在承德避暑山庄内的"狮子园草屋"之中。避暑山庄位于河北省，是弘历的祖父康熙皇帝处理政务兼修身养性之地；狮子园是这座规模宏伟的皇家苑囿中的一部分，康熙帝赐给其第四子即弘历父亲胤禛的一处私园。胤禛每每扈从康熙帝至山庄，便要驻跸在这里。

康熙四十九年的夏秋之际，56岁的康熙帝带着包括胤禛在内的皇公贵戚来到山庄消夏、狩猎。一天，胤禛持弓拿箭，在离山庄不远的阿格鸠围场行猎，正巧射中一只大鹿。胤禛十分高兴，立即叫随行者砍下鹿角，并接了一碗温热新鲜的鹿血饮下。鹿角血滋补壮阳，使得胤禛欲火中烧，于是马上找了狮子园内的一位女侍聊解私欲。这位女侍名叫李金桂，时年27岁，是位长相普通的粗使丫环。胤禛一时泄欲，令她怀孕在身。第二年，胤禛又随康熙帝来到山庄行猎。这期间，李金桂在胤禛的私园内产下一子，一口咬定他就是胤禛的孩子。胤禛自知与李金桂有着一段交情，又见这孩子生得眉清目秀，很是逗人喜爱，于是，征得父亲康熙帝的认可，将孩子抱回他在京师的雍王府内养育。李金桂则因名分不正、地位低下又欠端庄、修养，而被留在狮子园中，直至老死。胤禛为了抬高孩子的身分，命他归属于钮祜禄氏格格名下，并载入皇室的玉牒家谱:“雍亲王胤禛第四子弘历，康熙五十年八月十三日子时生于王府，母格格钮祜禄氏”。

弘历长大称帝后，从他的叔叔口中得知身世真相，于是，驾幸至山庄认母，封李金桂为太妃，并在她所居草房对面修建一亭，亭上悬挂一匾，上题“护云”二字，寓意长护慈云，以示孝思。这段史料文献和山庄内狮子园、护云亭遗址，似乎为上述传说增添了几分真实性。但是，这毕竟只是一个传说而不是史实。因为，弘历生于康熙五十年，而其父胤禛获康熙帝所赐狮子园却修建于康熙五十一年之后，这样，弘历出生于“狮子园草屋”的说法便不攻自破了。还有，清朝皇室为了保持血统的高贵，制定了严厉的家法，如果有皇子勾搭宫女成奸，必以秽乱宫廷论处。胤禛处事稳健、机敏，尤其一直热衷于皇位的争夺，他断然不会以一时的风流，丧失自己的政治前程。

关于弘历的出生问题，还有一种说法更为荒诞离奇。该说法见于《清宫遗闻》，它不但说弘历的母亲不是宫中之人，而且连他的父亲都不是胤禛了。说他本是出自于浙江海宁的陈氏之家。陈氏为汉族人，是当地的名门望族，曾两度出现兄弟子侄三人同榜中第的罕见现象，世代与清廷关系密切。

《清宫遗闻》记康熙五十年八月十三日，时为雍亲王的胤禛家添一女，陈氏家生得一子即弘历。胤禛对两个小孩同年同月同日出生，感到十分好奇，便让陈家把男婴抱入其王府审视，数日过后，才把婴儿归还。但令陈家吃惊的是，胤禛所还回的是位女婴。陈家迫于皇室的权威，只好敢怒不敢言地认可了所发生的事实。

胤禛在称帝后，为自己“以男易女”的行为深感对不住陈家，于是，立即擢升陈家数人至显赫的官位，以做弥补。弘历长大后，对陈家更是倍加优遇。他6次下江南，其中4次专门至陈家审视，令世人羡慕不已，同时，也越发地令世人对弘历原本是陈家后代的说法深信不疑。

关于此段弘历的身世，于情于理都是漏洞百出。首先，在弘历出生时，海宁陈家陈诜年近70岁，已过了生育年龄，不可能再生子。陈元龙也年届六旬，并且在距离京师2000公里之外的广西任巡抚之职，他即使有可能生子也没有机会与胤禛相互调换子女。陈世倌时年32岁，倒是正值当年，但是，他当时仅是位七品编修芝麻官，低微的地位，使他不可能与身为王爷的胤禛有厚交，自然也就没有换子的机会。

其次，胤禛得弘历时正是34岁的壮年时期，他又妻妾成群，何况还有一健康成长的儿子弘时，因此，他完全没必要去拿自己“金枝玉叶”的亲骨肉换一汉民、卑微人家之子，作为自己皇室“龙种”的候选人，以乱今后帝系的血统。

再有，弘历频频至陈家，是与他南巡治水的目的有关。海宁城是治理水患的重地，其整治的好坏直接关系到钱塘江下游农业发展和民众生活的大事。陈家作为当地的大官僚，宅第相对较宽敞，屋室建筑相对较齐整，因此，弘历每每选择陈家私园“偶园”来作为他一行人马的暂时驻跸地，后来将该园改名为“安澜园”，即寄托着他希望此处水势安澜无患的美好愿望。为此，他还专门赋诗一首，题为《驻陈氏安澜园即事杂咏》，曰：“名园陈氏业，题额曰安澜。至此缘观海，居

雍和宫法轮殿

停暂解鞍。”言明了他与陈氏家交往的因由事故。

关于弘历出生问题的第三种说法，是历史学家普遍认同的一种说法，即弘历的母亲姓钮祜禄氏，是官级低下的四品典仪凌柱的女儿。其祖上曾随努尔哈赤南征北战，屡立战功，被封为清开国元勋的五大臣之一。但是，到了她父亲一代，家中已无人再在宫中任高职了。她出生于康熙三十一年(1692年)十一月二十五日，13岁时被选中做宫中的秀女，入宫后，康熙帝将她赐给了时为贝勒的胤禛作格格，成为胤禛众多妻妾中最为普通的一员，住在了胤禛的“禛贝勒府”。康熙四十八年，32岁的胤禛被封为雍亲王，“禛贝勒府”遂改称雍亲王府(即现在的北京雍和宫)。

崇庆皇太后像

钮祜禄氏谈不上年轻貌美，但温顺贤慧，嫁胤禛7年后，在雍亲王府内生下弘历。胤禛在此之前，曾生有4子，但是由于疾病，皇后乌喇那拉氏所生长子弘晖8岁夭折。齐妃李氏所生三子中，弘盼还不曾叙齿排行，未满2岁就殇逝了，弘昀11岁死去，仅有其第三子弘时存活，时年8岁。钮祜禄氏所生的这男婴，无疑让家丁不旺的胤禛倍感喜悦。当时按照皇室的惯例，凡是皇子幼殇，不排入行次。弘盼属于幼殇，因此，弘历被视为皇四子。

弘历在雍亲王府生活了12年之久，直至1723年，其父胤禛称帝，他才与母亲钮祜禄氏及其他的眷属，跟随胤禛由雍亲王府移居到了紫禁城大内。

钮祜禄氏自从生下弘历后，“母以子贵”的她深得婆婆德妃乌雅氏和丈夫胤禛的欢心。胤禛继帝位后，晋封她为熹妃，不久又晋封为熹贵妃。她44岁时，其子弘历称帝，尊她为皇太后，上徽号崇庆皇太后。

弘历对其母钮祜禄氏很是孝顺，除平时按规矩向她省视问安，率后妃侍膳外，每每有外出巡游之事，亦多奉她同行；除每年带她拜谒孝陵、木兰秋狝外，还带她东巡、南巡、西巡五台山各3次，希望以丰富多彩的地域风情，充实其寂寞而单调的内廷生活。

不仅如此，弘历每逢她寿辰，都要亲自祝寿，并筹办隆重的庆寿仪式，逢她五旬、六旬、七旬、八旬等“整寿”，更是在朝廷内外举行隆重的庆典仪式。故宫博物院藏有一本弘历谕令宫廷画家创作的《胪欢荟景图》册，其中有一开画页题名“慈宁燕禧”，描绘的是弘历在其母亲居住的慈宁宫中，亲自为她举觞祝寿的场景，母子亲情溢于画外。

故宫博物院还藏有一幅《多禄图》，它是弘历为恭祝母亲80寿辰而亲笔创作的写生图。画上自题：“于避暑山庄见呦鹿卓立而戏，辄写其畅适之意。且鹿为不老之寿，装以成轴敬献慈宁，用介眉寿也。”因鹿的谐音是禄，因此画名为“多禄”。该图寄托了弘历对母亲的一片深情。

弘历为了给母亲钮祜禄氏祝寿，还不惜大兴土木。乾隆十六年(1751年)命人将紫禁城大内的咸安宫加以改造，改建后命名为“寿安宫”，顾名思义，内含有祝其母亲平安长寿之意。

《胪欢荟景·慈宁燕禧图》(局部)

乾隆帝《多禄图》

文献、档案以及弘历的一系列举动，均可证明，弘历的母亲是钮祜禄氏，他出生在京城内的原雍亲王府内。由于弘历是位家喻户晓的盛世之王，戒备森严的深宫生活为其增添了许多神秘的色彩；秘不外露的档案又使人无从知晓一些事象的因由。因此，对帝王感兴趣的平民百姓，就捕风捉影地编造了一系列说法，以满足人们的好奇心，其中以“狮子园草屋”、“海宁陈氏之子”等说法流传最广、误导最甚。

受到祖父关爱

弘历首次与祖父康熙帝最亲密的接触是在12岁时。那一年的三月，他的父亲胤禛见私家园林圆明园内牡丹花争相绽放，景致宜人，便邀请父亲康熙帝来园中的“镂月开云”牡丹台赏花，并将年少的弘历向他引见。康熙帝在明媚的春光中，仔细端详着这位从未谋过面的小皇孙，见他眉宇间透着机智聪慧、举止大方，与之交谈，更是出言得体，应对自如。康熙帝十分高兴，当即决定将这位孙儿带至皇宫，亲自“养育抚视”。

《圆明园图咏册 · 镂月开云》

康熙帝像

在紫禁城内，年已69岁的康熙帝在百忙之中对弘历“亲授书课，教牖有加”。不仅如此，又命自己的第二十一子，长弘历半岁的贝勒允禧教他学习射箭，第十六子，长弘历16岁的庄亲王允禄教他学习各种枪的使用。

聪颖的弘历，很快就掌握了骑马、射箭及射击等技能。一次，在康熙帝面前，允禄将一只被捆住双脚的羊放到百步之外，让弘历放枪射羊。弘历镇定地举枪瞄准，一声枪响，羊应声而倒，康熙帝见了频频点头称赞，这令允禄、弘历师徒很是得意。事隔不久，弘历随祖父到南苑打猎，康熙帝决定在南衙门的宫门口再考验一次弘历的枪法。他让人在几十米外竖立了一块木牌，考虑到弘历身材单薄、力量小，便

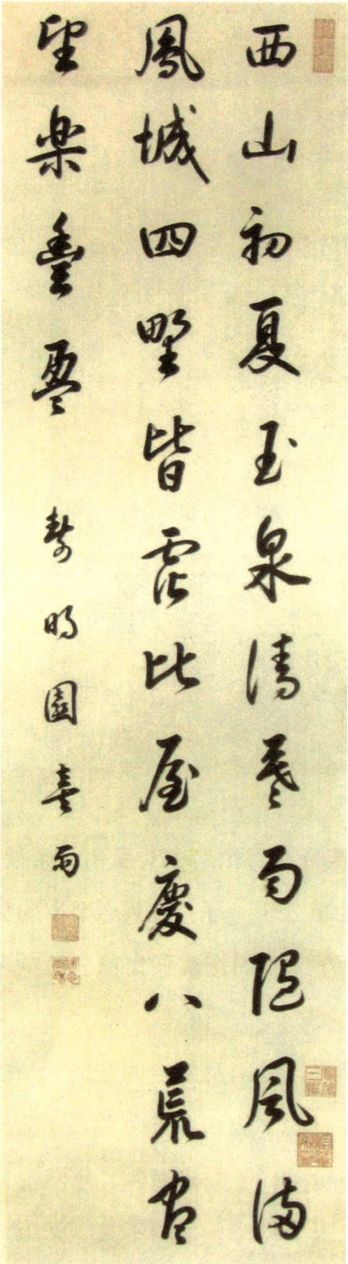

康熙帝行书《静明园喜雨诗》

此诗虽然不是康熙帝当年写给弘历的，但可见康熙帝书法造诣之高

命减少填入枪中的火药量，以减轻枪的分量。一切准备就绪后，弘历抖擞精神，举枪便射，由于药量少力量弱，子弹并没有直接打到远处的靶子上，而是落在了地上。没想到的是，子弹着硬地后反弹而打至靶心处，这令康熙帝大为高兴，立即取来一只旧的准神枪赏赐给他。弘历从此一直将该枪视为至宝。

弘历在射箭上也屡创佳绩。一日，他在康熙帝和众侍臣们面前，左右开弓，连发五箭，箭箭皆中，康熙帝高兴得直挑大拇指，急呼取黄褂来赏。

康熙、弘历祖孙在形影相随中，感情日笃。弘历回忆，曾随侍祖父至避暑山庄，一日，见祖父濡墨挥毫练习书法，很想索要但又怕失礼受责。祖父见状，

万壑松风轩外景

问："你喜欢我的字吗？给你写几张罢！"于是一气写下长幅、横幅及扇面各一件，送与他收藏。又一次，弘历正独自在山庄内的万壑松风轩游玩，忽见祖父的龙舟由远而近划来，欲停靠在晴碧亭畔，便急忙顺着岩壁跑下来请安。祖父深怕他慌乱中跌伤，忙高声急喊："勿疾行，恐致蹉跌！"又一次，弘历跟随祖父前往永安莽喀围场打猎，遇到一只大熊摇摇摆摆地走来，祖父抬枪将它射倒，熊略做挣扎便不动了，为了让孙儿能赢得初次行围就猎获大熊的美名，便让弘历独自上前补射。弘历刚刚扬鞭上马，不料，大熊突然张牙舞爪地立起。弘历面临这一庞然大物拼死反扑的危险，竟毫不惊慌，控辔自若。在一旁吃惊不小的康熙帝赶忙再发一枪，将熊击毙。事后，康熙回到帐中对随驾的和妃说：这孩子福气比我还大，如果他早一点骑马过去，那后果将不堪设想。

名师教养

雍正帝朝服像

弘历按照宫中的规制，自6岁起便接受启蒙教育，或在其父府第雍亲王府，或在其父赐园圆明园，或在避暑山庄的狮子园内。但年幼的他，基本上还是以玩为主，平日里也没有固定、正式的老师。直到他9岁时，父亲才聘福敏对他进行正规的启蒙教育。福敏，字龙翰，满洲镶白旗人。康熙三十六年(1697年)进士，雍正聘他时，为翰林院庶吉士。雍正称帝后，因其授教弘历等皇子有功而被擢授为内阁学士兼礼部侍郎，晋左都御史等职。

弘历的同窗同学都是些与他年龄相仿的皇亲国戚子弟，先后有其同父异母的弟弟弘昼、叔叔允禧(康熙帝二十一子)、允祜(康熙帝二十二子)、允祕(康熙帝二十四子)、福彭(努尔哈赤的八世孙)以及蒙古活佛三世章嘉呼图克图茄贝多吉等人。除三世章嘉外，皆为皇室人员。这其中，弘历与弘昼感情最好，在一起学习的时间也最长。弘昼的母亲耿氏和弘历的母亲钮祜禄氏一样，连侧福晋(即侧妃)也不是，《清史稿》称她们为“格格”，只是，她在宫中的年头、资历均比弘历的母亲略高一等。弘昼与弘历同年生，只是小他三个月，为皇五子。兄弟俩每日同吃同住、同玩同乐、同师共读。在学习上，弘历要比弘昼聪慧机敏许多，老师教授的课程，能够很快地理解并且掌握，因此，其功课总是提前完成。于是福敏以“弟弟还在书房里，做哥哥的怎好先走”为由，给他增加新的功课，这样他每日又多学了很多有益的诗文篇章。

弘历与祖父康熙帝交往约 8 个月后，祖父就因病去世了，父亲胤禛继承皇位，年号雍正，成为清入关第三代皇帝，弘历遂升为皇子。

雍正帝即帝位后，更加注重对弘历、弘昼的培养教育。首先，把兄弟俩学习的地点改换到了乾清宫附近的上书房，这里屋子有五间宽，面朝北，采光效果好，关键是便于雍正随时抽查学业。根据档案记载，雍正七年的一天，处理完政务的雍正帝信步走入书房，见弘历等人全神专注于课业，非常满意，即兴挥毫写下“立身以至诚为本，读书以明理为先”的对联，赏给他们以资鼓励。兄弟俩明白父亲对自己的期望，于是将对联托裱好，挂在书房内，作为人生的座右铭。

其次，雍正帝聘请徐元梦、张廷玉、嵇曾筠、朱轼这四位各有所长的大儒教授课程，拜师礼在乾清宫西庑的懋勤殿(原是康熙帝读书的地方，后用于贮藏皇家图书翰墨之具)隆重举行。

徐元梦是 4 人中资历最老者，他是康熙十二年(1673 年)进士，满

上书房外景

洲正白旗人，字善长、蝶园，是清入关初年汉文化修养较高的满族人之一，曾任康雍乾三朝皇子们的满文教习，在教学上很有经验。雍正帝年少时就曾听过他的课，因此对他很是信任。只是，他在为师不久就因获罪而去职离宫。

张廷玉(1672－1755年)，字衡臣，号砚斋，安徽桐城人。康熙朝南书房首任大臣、大学士张英之子，以博学广识、精于典章，工于文字而颇为雍正帝所倚重。其繁忙的公务令他难以抽身顾及弘历等人的学业。

嵇曾筠，江苏长洲人，专工水利，为师不久，就被委以河南巡抚、河道总督重任，长期出京在外以治河为主，因此，也很少尽其为师之责。

四位先生中执教时间最长者只有朱轼(1665－1735年)，他是江西高安人，字若瞻，号可亭，康熙三十三年进士，历任刑部主事、郎中、文华殿大学士等职，是位治学严谨的著名理学家。他每天风雨无阻地、尽职尽责地入宫授课，向皇子们深入浅出地介绍周敦颐、董仲舒、贾谊等儒家经典以及程颐、朱熹等人的理学精髓。弘历回忆：每每听他授教，都有种如沐春风般的快乐，因此获益匪浅。

雍正帝为了使皇子们受到持续而系统的学习，很快又为他们聘请了一位专职的教师蔡世远。蔡世远，福建漳浦人，字闻之。康熙四十八年进士，曾在家乡主讲鳌书院，赢得极大声誉，并被雍正帝所闻，特召入宫授编修，直上书房，任内阁学士、礼部侍郎等职。他是一位崇尚宋儒的纯正的理学家，在讲学上能够融会贯通，结合时事引经据典，所讲授的许多治学理政之道，对弘历有着深远的影响。

弘历每天的学习很是辛苦，五鼓时分，上朝的各部官员还未入宫时，他就要随着内务府的苏拉，点着白纱灯，由隆宗门进入到上书房读书，天天孜孜不倦地读史研文，写诗作赋，或者骑马射箭练习武功，约合计10个小时以上。

弘历经过年复一年，日复一日的刻苦学习，已能熟读《诗经》、《尚书》、《春秋》等儒家经典以及《通鉴纲目》、《汉书》等史籍，具备了相当深厚的文化修养，并能从四书五经中寻求到智慧和哲理，从历史书籍中体会到帝王的统治之术，从儒家学说中体味到民本思想，从宋代理学家的著作中悟出性命理欲之理。他深刻地认识到君主应该是政治社会结构中不可动摇的主体，要想国富民安，做君主的必须勤政爱民、任人唯贤。

上书房的学习，构筑了弘历此后成为一代明君的品格与胸襟。他后来也一直念念不忘福敏、朱轼、蔡世远三位教习他时间最长的学者，自言“于轼得学之体，于世远得学之用，于福敏得学之基”。

刊刻《乐善堂文钞》

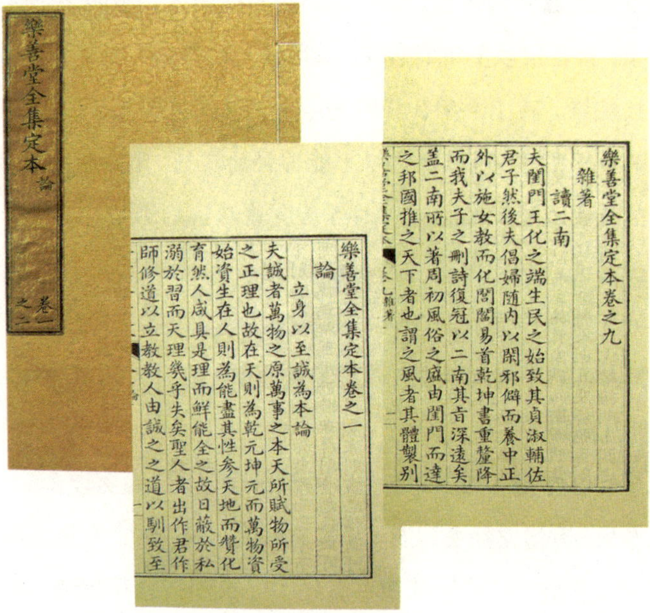

《乐善堂全集定本》

弘历20岁时，挑选出14岁以来所写的部分诗赋、经说、史论、序跋，辑成《乐善堂文钞》14卷，又邀请14位雍正帝最信赖，也是当朝最具影响力的王公重臣，如庄亲王允禄、果亲王允礼、平福王福彭、大学士鄂尔泰、张廷玉以及老师朱轼、弟弟弘昼等人为该文钞作序。

乐善堂是弘历的书斋名，“取大舜乐取于人以为善之意”。弘历自称刊刻此文钞的目的，不过是为了便于以自己的言谈，来规范自己的行为而已。但事实上并非如此，他是借文钞的出版向世人表明自己不仅精通文史，擅长诗赋，而且具有经世之才，希望通过序言中权贵们众口一词的赞誉，来为他今后的称帝营造巨大的声势。

《采芝图》(局部)
弘历被册封为和硕宝亲王前后的画像

《乐善堂文钞》的出版，果然为弘历赢得了极高的盛誉。庄亲王允禄等人面对当朝皇帝之宠儿，在序言上极尽吹捧之能事。或称该文钞是稀世之作，或言弘历是“天授之才”、精通经史诗赋之人等。政治上敏感的张廷玉、鄂尔泰等人则公开表示，弘历将不愧是位能够“上接列圣之心传者”的未来天子。更为重要的是，作为王位竞争对手的弘昼，在序言中亦公开表示对哥哥弘历的心悦诚服和敬仰之情:“弟之视兄，虽所处则同，而会心有浅深，气力有厚薄，属辞有工拙，未敢同年而语也。吾兄随皇父在藩邸时，朝夕共寝食相同。及皇祖见爱，养育宫中，恪慎温恭。皇父见之，未尝不喜。皇父闻之，未尝不乐。……”并且说弘历已得圣贤“经世宰物之方”，他无论如何是不敢与之相匹敌的。

弘历的所作所为很快收到了成效，雍正十一年(1733年)二月七日，志得意满的弘历受封为和硕宝亲王，同时受封的还有其24叔允祕(被封为诚亲王)、弟弟弘昼(被封为和硕亲王)。从此以后，23岁的弘历日益受到雍正帝的重用，并代表父皇主持一系列重要的祭祀活动，如在受封的当年就主祭景陵、孔子、太岁之神；第二年奉命祭太庙、关圣帝君、方泽坛等。此外他还综理军机，策划平定准噶尔叛乱与黔苗的兵事，以资历练。他在处理政务上，逐渐显现出精明果断的政治才华。

事实上，弘历有所不知，早在七年前他就已被秘定为皇位继承人了。雍正元年(1723年)，初登皇位的雍正帝，鉴于以往太祖努尔哈赤、太宗皇太极、世祖福临、圣祖玄烨4代在传袭皇位上，由于没有事先定好继承者，而造成一次次争夺皇位的血腥互残，于是创设了建储制度，即，由现任皇帝在生前秘密地写下标有其皇位继承者姓名的谕旨。这一做法的好处是，首先，它避免了皇子间争夺储位，自相残杀，保证了皇位继承的和平过渡。其次，它不同于中国传统皇位继承法的立嫡长子制度，带有选贤任能的性质，有利于治理天下。其弊病是，皇帝不能对所定候选人广泛征求意见，只能是由他一人定夺，稍有不慎就有可能造成误国殃民的灾害。

雍正帝初登帝位时，皇子除弘历外，还有19岁的弘时、13岁的弘昼、2岁的福惠，他们都有继承皇位的资格。这其中以弘历最具有才识和胆略，加上先父康熙帝生前也颇为看重弘历，因此，雍正决定由弘历来作为自己的皇位继承人。雍正元年的八月十七日，雍正帝在乾清宫西暖阁，召集总理事务王大臣、满汉文武大臣、九卿等，面谕了他拟定的秘密建储作法，随即，命除总理事务王大臣外，其余诸臣退下。然后，他独自走到书案处，亲笔写下传皇位给弘历的黄条。写毕，

乾清宫正殿

将黄条装入锦匣内箴封起来，命人藏于宫中最高处乾清宫的“正大光明”匾额后。于是，13 岁的弘历在不知晓的情况下，成为中国历史上第一位秘密预立的储君。

《乐善堂文钞》的出版对弘历继承皇位有着积极的促进作用。

太平天子的政治作为

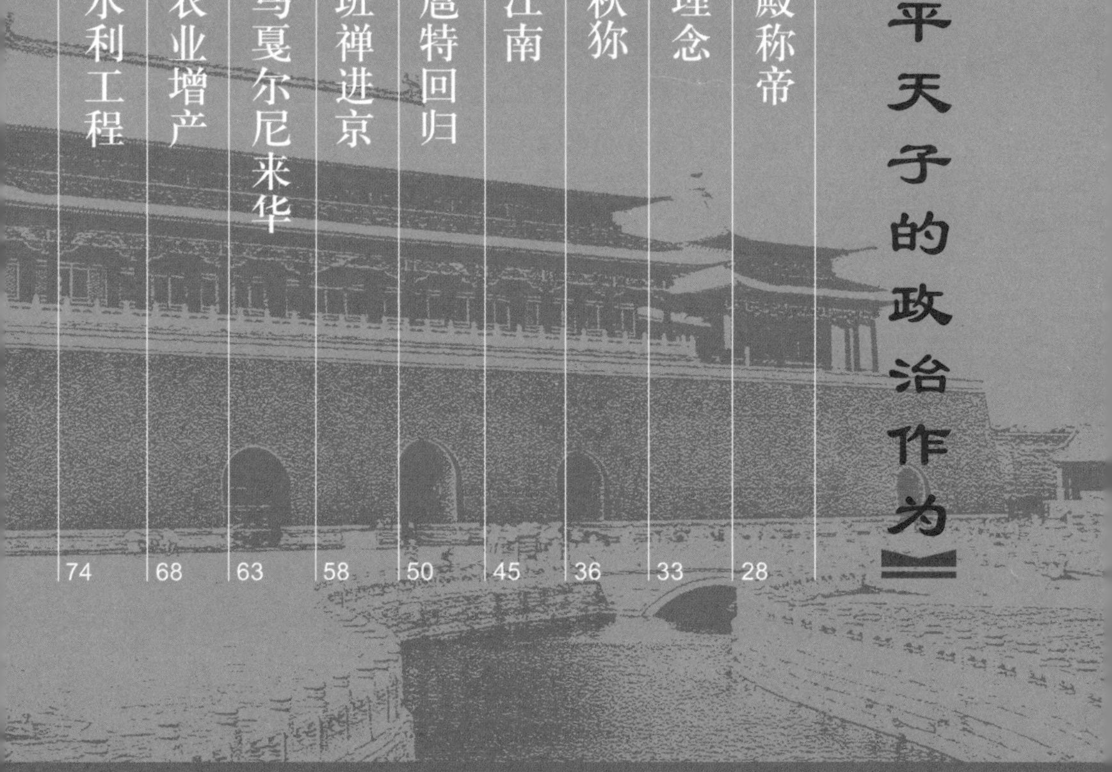

太和殿称帝

雍正十三年(1735年)八月二十三日，25岁的弘历，此时正愁眉不展地徘徊于圆明园内，为他病危的父皇揪心不已。子夜时分，一阵寒冷的秋风吹过，58岁的雍正帝慢慢地咽下了最后一口气，顿时，原本寂静的寝宫内哭声四起，御榻前的弘历更是泪流满面，难以自抑。大学士张廷玉、鄂尔泰见状，连忙强忍悲痛对允禄、允礼二位亲王说，雍正帝生前曾写好了有关其皇位继承人的密旨，当时，为了保密只给我俩人看过，现在"应急请出，以正大统"。不久，总管太监捧出黄封一函，内藏雍正帝用硃笔写的传皇位给弘历的诏旨。这份诏书是雍正十年正月写的。雍正帝在位期间，日理万机地忙于公务，又加上长期服用道士们炼就的各类丹药，因此，身体一直不太好。他在执政八年时就召见允禄、张廷玉、鄂尔泰以及弘历、弘昼等人"面谕遗诏大意"。第十年时，他将亲笔写下的传位密诏拿给张廷玉、鄂尔泰两位大学士过目，意思是让他们在他逝去后按此诏传旨。这份密诏与雍正元年所书的建储密诏相比，更明确了弘历作为其皇位继承人的宗旨。

弘历流着眼泪跪拜接旨，同时，也接过了其祖父、父亲等前辈精心打造的大清江山。密旨中除写传帝位给皇四子宝亲王弘历外，还指明让庄亲王允禄、果亲王允礼、大学士鄂尔泰、张廷玉四人辅政。深谋远虑的雍正帝显然对身后的帝业有所担心，惟恐弘历执政初期，由于经验不足而难以独当朝政。

允禄(1695－1767年)精数学、通乐律、擅用火器，有着较全面的修养，雍正帝很器重他的才华。他曾受康熙帝旨意教过弘历使用火器，

允礼像

与弘历间有着较好的关系。允礼(1697－1738年)是康熙帝第二十七子，后序为第十七子，比雍正帝小19岁。雍正元年封果郡王，六年晋升为果亲王。雍正朝期间负责管理藩院事，总理户部以及苗疆事务，有着较丰富的理政经验。张廷玉(1672－1755年)是朝廷内汉族大臣的代表性人物，以办事稳妥，为人谨慎，深得雍正帝信任，擢升为礼部尚书、翰林院掌院学士、保和殿大学士等职，对创立和健全军机制度有着重要的作用。鄂尔泰(1677－1745年)姓西林觉罗氏，字毅庵，号西林，满洲镶蓝旗人。康熙朝举人，以世袭佐领授侍卫，雍正朝官至云贵总督、首席军机大臣等要职。他以政绩卓著而为雍正帝所倚重，是朝廷内满族大臣的代表人物。

雍正帝的治丧仪式要在紫禁城大内中举行，于是，在丰盛额率领的乾清门侍卫的严密守护下，弘历及弘昼、允礼、张廷玉等人一路哭着护送雍正帝遗体返回宫中。这时早有先期由圆明园返回宫中的内大臣海望和多罗履端郡王允祹在乾清宫做好了迎接的准备工作。弘历一行人到达乾清宫后，稍加休息，就命内侍将雍正帝缄藏在“正大光明”匾后的封函，小心翼翼地取下，在允礼、张廷玉、鄂尔泰等王公重臣的监督下启封，上书:“宝亲王皇四子弘历，秉性仁慈，居心孝友，圣祖皇考于诸孙之中，最为钟爱，抚养宫中，恩逾常格。雍正元年八月间，朕于乾清宫召诸王、满汉大臣入见，面谕以建储一事，亲书谕旨，加以密封，收藏于乾清宫最高处，即立弘历为皇太子之旨也。其后仍封亲王者，盖令备位藩封，谙习政事，以增广识见。今既遭大事，著继朕登基，即皇帝位。”封函中命弘历承继大统的旨意与在圆明园所见完全相同，由此，弘历无可争议地成为了准皇帝。

弘历为了妥善地处理突发的局势，首先根据父亲的遗命任命庄亲王允禄、果亲王允礼、大学士鄂尔泰、张廷玉辅政。接着，又召集众臣颁布了数道谕旨，向内外大臣表明将继续其父雍正帝的未竟事业，

乾隆敕命之宝

太和殿内景

要求诸王大臣必须效忠于皇帝，地方官处理事务应一如既往，不得有丝毫怠慢。此外他还谕诫宫内太监，不许他们走递朝廷消息，搬弄是非，干扰政局。弘历为了笼络鄂尔泰、张廷玉，还专门下了一道谕给总理事务王大臣庄亲王允禄等人，是关于给鄂、张两位配享太庙的事。这些谕旨对于稳定政局有着特殊的意义。

雍正十三年八月二十七日，朝廷向全国颁布了雍正帝遗诏。九月初三日黎明，紫禁城内大驾卤簿全设，弘历先着素服向雍正帝梓宫行

乾隆帝朝服像

九拜大礼，然后更换礼服，奉皇太后(即弘历的母亲钮祜禄氏)到永寿宫，亦行九拜大礼。接着，至中和殿受内大臣和执事官们的跪拜，最后，到太和殿即皇帝位，受亲王以及文武百官、朝鲜等国使臣的朝拜，并颁登极诏书于全国，大赦天下，改明年为乾隆元年。“乾”意为天运，“隆”意为兴隆，“乾隆”意指承应天运，万事兴隆。

从此，大清王朝进入其最为繁荣昌盛的乾隆时代。

执政理念

初登帝位的乾隆，从父亲手中接过的是治理井井有条，社会秩序安定，人口和财富迅速增加，国力蒸蒸日上的良好基业。年轻气盛的他为了巩固和发展王朝的霸业，在治国之初，还积极地采取了一系列的政治措施。他提出了“中道政治”和“宽严相济”的施政方针，宣称“天下之理，惟有一中。中者无过不及，宽严并济之道也。”宽大就是爱民，与民休息。但对于贪官污吏，恶棍刁民，则要严加惩治。其政策的“宽”、“严”取决于当时的形势和各种社会力量的对比，当社会安定，吏治清明，矛盾缓和时，政策就趋于宽松；而一旦矛盾激化，社会呈现无序和纷乱，就要进行严格的整顿。

“宽严相济”是乾隆帝总结了康熙、雍正帝统治经验而得出的治政方针，也是他用以纠正雍正帝苛严作风的施政策略。他反复阐述、运用这一理论，逐步开辟出自己的施政道路，形成了区别于康熙、雍正帝的理政作风。

在“宽”的措施上，宣布“减去繁苛，与民休息”，通过核实垦地升科而减轻农民的负担，同时，宽待一些钦犯，如一批在雍正时获罪的皇子皇孙恢复了名号，被禁锢的王公宗室被释放回家，其他的罪犯如岳钟琪、谢济世等也都获得了宽免，又通过对允禩集团案的重新处理以争取皇族和更多的满洲贵族的支持，从而缓解了由于雍正朝的苛政而造成的紧张政治气氛。

在“严”的措施上，雍正时期制定的重要、正确的政策，基本上被沿袭下来，并且加以严格执行。如地丁合一、耗羡归公、养廉银制度、秘密建储、军机处以及改土归流、对准噶尔议和等。强调要以实

鄂尔泰像

心办实政，革除官场恶习。对于官场苟且懒散、唯唯诺诺、弄虚作假、贪污受贿等陋习进行了整顿。通过对曾静案的重新处理，在全国范围内平息反清排满情绪。他还针对中央九卿、科道和各省督抚、地方府县衙门存在的不同问题，从封建官吏职责规范化的角度，有针对性地提出整治要求。

乾隆帝秉承儒家的政治哲学为其统治理念，认为君主应拥有绝对的权威和至高的权力，于是通过一系列手段来加强君主集权。乾隆二年(1737年)，撤销设置两年之久的总理事务处，重新恢复了军机处，但不准宗室担任军机大臣。其军机处与雍正时相比，权力益愈增大。通过恢复军机处，不但将传统的议政王大臣会议的权力剥夺殆尽，也使明朝以来的内阁形同虚设，对君主专制的极端化起到推动作用。他对外戚、宦官等严立章程，使他们无法染指重要的政务，同时，着重解决宗室干政与朋党争权的问题，为此革退允禄，圈禁弘皙，解除了来自皇族内部的威胁。并先后铲除了鄂尔泰、张廷玉两大政治集团，不但抑制了党争，缓和了统治层内部的派系冲突，也进一步加强了皇权。此外，还通过分批引见官吏，坚持考核制度，强化了对各级官吏的控制。

木兰秋狝

乾隆帝在理政上有一显著特点，就是喜欢像他祖父康熙帝那样寓政务于巡幸之中。他执政期间，很少在紫禁城内听政，而是喜欢走出威严的城门，通过到各地巡察而办理政务。据粗略统计，他东巡盛京4次，南下江南6次，西巡五台山6次。巡幸畿辅地区包括明陵、盘山、天津等地14次，到山东登泰山和祭孔8次，拜谒东西陵62次，巡幸热河、避暑山庄和木兰秋狝52次。巡幸已成为乾隆帝获取全国政治、经济、军事信息的重要渠道，也是他有效地控制政局的得力手段。百余次的巡幸活动中，以巡幸避暑山庄、木兰秋狝、盛京谒陵和六巡江南最具有这样的政治色彩。

木兰秋狝中的“木兰”为满语的译音，汉语是指哨鹿用的哨子。秋狝即指秋季行猎，语出《左传》“春搜，夏苗，秋狝，冬狩”。康熙、乾

河北围场

鹿哨

隆帝将这一重要的典制发展到极致。秋狝地在围场，即今河北的围场县，它位于塞外蒙古高原，南至燕山山脉，北接坝上草原，东西三百里，南北二百里，总面积约一万多平方公里，原属蒙古科尔沁、敖罕、翁牛特诸部。这里岗峦起伏，林深草茂，河流纵横交错，适宜在北温带大陆生长的动物应有尽有。为了保持生态平衡，秋狝时不能竭泽而渔，每次秋狝只能围出其中的一片土地，以后往返轮换。

木兰秋狝的方式大致有：行围、围猎、试围和哨鹿。行围，规模较小，乾隆帝率领数百人，边行边猎。围猎，规模最大，选择四面环山，中间平整之地作围场，择一高地上设看城，供皇帝居高检阅之用。各路官兵在距看城三四十里的地方将野兽驱逐到围场中心，最后齐力围杀困兽。试围，是围猎的前奏，由乾隆帝率领数百骑在预计围猎处的平甸地区先行狩猎。哨鹿，是在霞光初洒寂静的山峦草滩时，由随围将士在鹿群密集地，利用一猎手身着鹿皮，头戴鹿犄角，口吹木哨，来模仿雄鹿求偶的声音。其激扬的哨声在旷野中回荡，唤醒了雌鹿们对爱情的渴望，当它们满怀激情地聚集到哨声附近时，事先埋伏好的

《哨鹿图》

猎手们援箭发射，鹿儿们很快便在哀鸣声中成为皇家秋狝的战利品。

乾隆六年(1741年)七月二十六日，乾隆帝于北京西郊圆明园，奉皇太后起銮，开始了第一次木兰秋狝之行。九月二十日返京，来去共55天。乾隆帝对这首次木兰秋狝很重视，令宫廷画家创作了一幅纵267.5厘米，横319厘米的巨幅贴落，以为纪念。这幅画

《哨鹿图·乾隆像》

《乾隆帝一发双鹿图》

画的是乾隆帝在结束围猎后，人疲马乏缓缓地返回营地的场景。因画幅上有“御制题写照哨鹿图”，故画名《哨鹿图》。队伍前列第三骑白马者为时年31岁意气风发的乾隆帝。乾隆六年以后，除七年、九年、十一年、十三年、十五年、十九年等一些年份以外，直至去世之日止，他一共到承德避暑山庄50余次，一般是七月去九月回，也有时是五月、六月或八月去。乾隆三十五年前，他每次至山庄都要行围，就是在他花甲之年，也要持弓拿箭亲自率领满洲八旗官兵猎捕禽兽。故宫博物院藏有一幅宫廷画家创作的《乾隆帝一发双鹿图》，描绘79岁高龄的乾隆帝在马背上射鹿的情景。这是他参加的最后一次大规模的木兰秋狝，当时，他想把最喜爱的8岁皇孙绵宁(后来的道光帝)和年少的皇元孙载锡一同带来，形成“五世同猎”的盛况。但是由于绵宁身体欠佳、载锡不能骑马，令他的这一愿望未能实现。这次他在围场虽然仅住20天，但是行围达13次之多。他丝毫不减当年之威猛，一箭射倒双鹿成为他的骄傲，也成为他木兰秋狝的收弓佳作。此后，兴致高昂的他又射获一鹿，便即兴而作“将至八旬犹策马，命中三鹿去未空”的诗句，喜悦而自得的心境溢于言表。自此以后，乾隆帝虽然也常到避暑山庄，但行围狩猎活动已很少参加了。

乾隆帝木兰秋狝不但经常深入林中，射捕奔鹿，而且特别喜欢督众捉虎。乾隆二十二年秋天的某一日，设宴演剧，款待蒙古各部王公。这时，乾隆帝忽然看见两位蒙古王爷正在耳语，问其何故，王爷奏称：“适有奴子来报，奴等营中白昼有虎来搏马，是以相语。”乾隆帝立即谕令停乐，骑马捉虎。侍卫、虎枪手闻知，亦纷纷飞骑相随。经侦察探得一虎穴内有两只小虎。乾隆帝当即命身边的一侍卫上前去擒虎，侍卫刚一举手，小虎就发威怒吼，侍卫吓得不禁退缩半步。乾隆帝马上命人革其翎顶。这时，有一小蒙古从众人中冲出，敏捷而迅速地攫

《乾隆帝弋凫图》

《乾隆帝猎鹿图》

《乾隆帝落雁图》

一虎挟入左腋，又攫一虎挟入右腋。乾隆帝见状大喜，将所褫侍卫之翎顶赐予小蒙古，以示对其勇猛行为的奖励。此时，小虎之母虎因恋小虎，不肯远走，时时在周围徘徊，寻找机会夺回小虎。乾隆帝见状立刻谕令虎枪手追逐母虎，不得有误。虎枪手们攀山越岭，直至酉时，才将母虎打死，最后用骆驼将虎驼回，列于幔城。乾隆帝对虎枪手们不畏艰辛、顽强奋战的精神很是感动，命速取孔雀翎一枝，银二百两以示奖赏。

从乾隆帝当时命宫廷画家郎世宁等人围绕他秋狝活动创作的《乾隆帝弋凫图》、《乾隆帝猎鹿图》、《乾隆帝落雁图》、《乾隆帝殪熊图》、《乾隆帝刺虎图》、《乾隆帝锦云良骏图》、《乾隆帝射狼图》等一系列写实的绘画作品中，可见飞禽走兽尽在其狩猎之列。

《乾隆帝殪熊图》

乾隆帝秋狝的目的，不光是借以调解宫廷生活，捕获虎、鹿等猎物，它还有更重要的题外之意。一是“遵循祖制”，即承继祖父康熙帝练武习劳的作风，行猎之典。二是“整饬戎兵”，即训练军队，惟恐八旗官兵荒于军事操练，丧失勇猛顽强的战斗力；希望通过秋狝，磨练其皮肉筋骨，锻炼其弓马技艺。三是“怀柔藩部”，借秋狝之机，会见蒙古各部王公台吉。

《乾隆帝射狼图》

《乾隆帝刺虎图》

《塞宴四事图》（局部）

乾隆帝每每行围前，都先驻跸避暑山庄，在万树园等地筵宴蒙古王公台吉。行围后，又在围场行宫和蒙古王公们共庆行围成功，并对参加木兰行围的蒙古王公和士兵给以慷慨的赏赐，以此来密切清与蒙古各部的关系。故宫博物院藏有一幅表现乾隆帝借木兰秋狝之机，与塞外民族，尤其是漠南、漠北蒙古贵族进行联谊活动的画作《塞宴四事图》。每当乾隆帝行围于木兰围场时，蒙古王公台吉都要轮流参加，蒙古之卓索图、昭乌达两盟长按例还要进皇帝宴，宴会中要举行热烈而刺激的娱乐性体育表演。乾隆帝称其中的“诈马”、“什榜”、“相扑”、“教駣”为塞上四事。

诈马比赛是蒙古族旧俗，就是由年少者骑于马上，以枪声为令，先到达终点的36骑可获得相应名次的奖赏。什榜，即在宴会时演奏的蒙古音乐，随着笳、管、筝、琶等器乐的合奏，众人鼓喉而歌，营造出热烈高涨的氛围。相扑，蒙古语谓之“布克”，即撩跤或摔跤，是蒙古人最喜

《塞宴四事图 · 乾隆像》

爱的斗智斗勇的运动项目。教駣，为传统的蒙古族套马、驯马活动。旗长事先要将生马驱于宴会所在地，然后由骁勇者执长竿套取它们，并且要通过鞭策让它们逐渐驯服。宫廷画家创作的这幅《塞宴四事图》不仅形象而真实地刻画了宴会场景，而且它也是乾隆朝民族团结的生动印证。

《塞宴四事图 · 什榜 · 相扑》

六下江南

如果说，木兰秋狝在保持满族的传统风俗及尚武精神、团结蒙古族、藏族、维吾尔族等少数民族方面起到了积极作用；那么，乾隆帝的六巡江南，则在了解长江南北军事、政治、河务、海防，以及笼络江南士绅，维系汉族民心方面有着重要的意义。

乾隆帝分别于乾隆十六年(1751年)、二十二年、二十七年、三十年、四十五年、四十九年共6次下江南，每次行进的路线、日期等大致相仿。

南巡路线示意图

乾隆十六年正月十三日，乾隆帝首次南巡，随行大臣32人，侍卫章京官员611人，拜唐阿兵丁2559人。在此次出行人中，还有乾隆帝年近60岁的母亲钮祜禄氏和他的后妃们。浩浩荡荡的队伍由京师出发，陆路经直隶、山东至清口(今江苏清江市)，此后，乘船沿运河南下，经扬州、镇江、丹

《乾隆帝南巡图卷·拜大禹陵》（局部）
乾隆帝在群臣的簇拥下步行去祭禹陵，以示其对大禹的景仰

阳、无锡、苏州抵达浙江，经嘉兴、石门到达杭州。在观潮楼阅兵，亲临敷文书院，遍访西湖名胜古迹。渡钱塘江至绍兴祭禹陵。回京时绕道江宁祭明太祖陵，阅八旗兵并陪母亲至织造府机房看匠人织机。渡江沿运河北上后，至蒋家坝、高家堰阅视河工，在顺河集登岸，由陆路经山东省泰安府东岳庙拈香并祭孔庙，五月初四日还至京师圆明园。

南巡以耗时长、路程远居乾隆帝所有巡幸活动之首。乾隆帝为了保证南巡的顺利进行，每每在南巡的前一年，就要指定一名亲王担任

浙江绍兴大禹庙

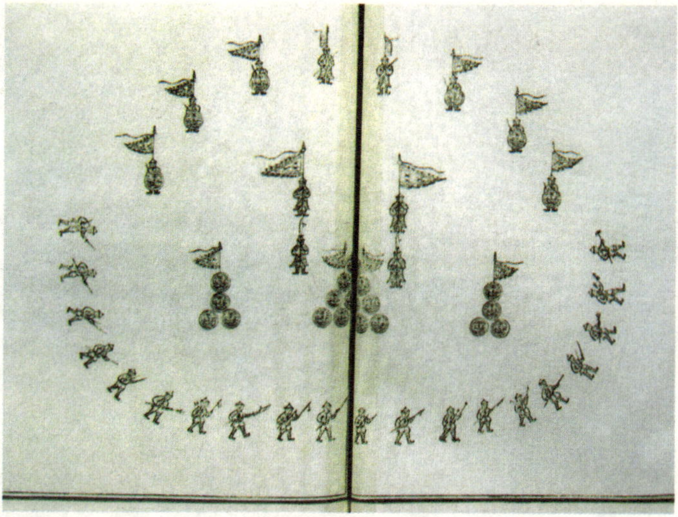

《南巡盛典 · 阅武》

总理行营事务大臣，做好前期的筹划和准备工作。同时要派向导勘察沿途道路，制定巡幸计划。巡幸所经过的地方，各级官员要提前铺路架桥，修建行宫，治理河渠等。每次南巡需用三个月左右的时间，因此，在乾隆帝南巡时，军机处及各部院都要有大臣随行，以便在行旅中处理朝政。

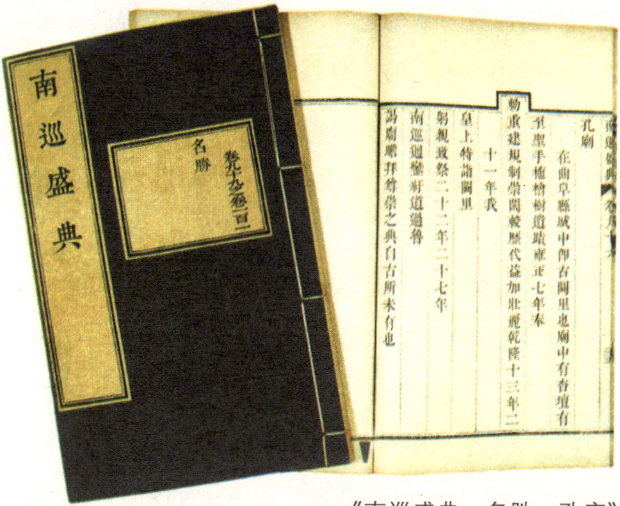

《南巡盛典 · 名胜 · 孔庙》

江苏无锡寄畅园

乾隆帝南巡时，对江南曲径通幽的园林艺术十分赞赏，回銮后，曾仿照此园在北京万寿山建造了惠山园

乾隆帝下江南的主要活动内容是视察河工、海塘。中国是一个农业国，勘察水情，关系到国泰民安之大局。乾隆帝每每亲临海塘，现场指导，并提出许多有益的建议，对提高海塘工程的质量，减少水患起到了积极的作用。另一项重要内容是，对江南士大夫、学子们多方笼络，竭力表现出对他们的关怀与厚爱。江南不仅是全国重要的粮、棉、油经济区，也是反清思潮的中心地，江南地区的政局稳定与否，对清廷的统治意义重大。

除此之外，还有一项不可忽略的内容，是观山游水、娱乐享受。江南秀美的水乡、奇巧的园林对出生在北方的乾隆帝具有巨大的吸引力，在巡视过程中可于赏心悦目间陶冶性情。而扬州大盐商们所制造的各种人文景观也令乾隆帝十分好奇。史料记载他第五次南巡，当御船将要靠近扬州水岸时，只见岸边早立有一硕大无比的寿桃，颜色鲜红，形象可爱。待御船驶近时，突然，烟花四起，光焰四射，寿桃亦轰然“绽开”，但见桃的中心设一剧场，上边有数百人正在表演热闹喜庆的“寿山福海”新戏。见此景，乾隆帝对盐商们雄厚的经济实力和富于机巧的构思，不由得赞叹不已。

乾隆帝每次南巡都可谓兴师动众，率二三千人所到之处，地方官要带领兵丁前来接驾，当地百姓要衣冠齐整地跪在路边欢迎。耗费的财力、物力、人力更是不计其数。粗略统计，每次约需一千多万两白银、动用马6000匹，骡马车400辆、骆驼800只，以及各地征调夫役近万人。尽管如此，乾隆帝却乐此不疲，他认为除通过武力外，出京巡幸视察，同样可以起到稳定政局的作用。他把下江南视为与平定西北边疆同等重要的平生大事。自言：“予临御五十年，凡举两大事，一曰西师，一曰南巡。”

《乾隆帝南巡图卷·回銮至京》

图绘55岁的乾隆帝结束了其第4次南巡，正乘步辇入皇宫时的情景

土尔扈特回归

乾隆帝仰仗着强硬的军事手段、雄厚的经济基础、天朝盛世惟我独尊的帝王气概，挥师四处征战，建构了中国辽阔的版图和统一的多民族国家。在当时，如何处理中央与地方、满族与其它民族之间的关系,就成为直接影响到国家是否能够长期地保持稳定与发展的大问题。明智的乾隆帝最终延续和发展了顺治帝、康熙帝确立的“满洲根本”、“满蒙联盟”、“满汉一家”及“分而治之”的基本政策，通过干戈与玉帛并用，亲善与强硬兼施的作法，利用宗教、联姻、封爵、赏赐和军事进攻等方式，实现了封建帝国的大一统局面。

应该说，乾隆帝自诩的十大武功，是他大动干戈、强硬统治的一面；他亲善的一面，表现方式有很多，集中体现为对不同经济、文化、政治、宗教背景的境内各民族，采取不同的处理手段。

在调解与汉族间的关系上，乾隆帝一直提倡尊孔读经，宣扬程朱理学，通过树立儒学的尊崇地位，来加强与汉族在价值标准上的亲和力。由于他本身熟读《诗经》、《尚书》、《春秋》等儒家经典以及《通鉴纲目》、《汉书》等史籍，具备了丰富的汉学文化修养，这使他在驾驭汉族臣民方面显得得心应手。因此在乾隆朝，满汉间的对立情绪较清初大为消解，满汉矛盾已不是最突出的社会矛盾。

乾隆帝在处理西藏、蒙古的关系上，采取的是尊重藏传佛教(又称黄教)的政策。藏传佛教是中国佛教中重要的一部分。公元七世纪，印度佛教密宗金刚乘从印度、尼泊尔传入西藏，吸收了当地原始宗教的某些教义与仪式，形成了一种具有鲜明西藏地域特点的佛教形态，被称为藏传佛教。藏传佛教对清代民族事务的影响源远流长。在努尔哈

雨花阁

赤时期清统治者即与藏传佛教相接触，至康熙时，藏传佛教进入宫中，并成为宫廷活动的重要组成部分。乾隆帝坚持“兴黄教”来“安蒙古”、“安西藏”的宗教主张，成为清朝诸帝中对藏传佛教信仰最诚，研究最深和利用最好的一位。

在乾隆帝的大力提倡下，佛堂建筑、佛教文物以及制度化了的佛教活动，构成了一个完整的藏传佛教文化体系。在宫内，按照佛教的多种教义与不同的宗教活动要求，形成了以中正殿为中心的佛教建筑区，著名的建筑有雨花阁、梵宗楼、梵华楼等；每座殿堂内的陈设布局依据藏传佛教格鲁派教义，模拟西藏寺庙神殿布置，使得乾隆朝清宫佛殿内几乎囊括了西藏神殿中所有的神像、法器。

在宫外，从西藏经青海至内蒙，星罗棋布地撒落着大大小小各式喇嘛庙；乾隆帝把避暑山庄也建成了藏传佛教“圣地”，又将雍亲王府

梵宗楼内景

改为喇嘛庙，使之成为京师正式接纳蒙藏地区上层喇嘛、蒙古王公贵族拈香拜佛、布施的宗教活动中心。

三世章嘉呼图克图茹贝多吉是乾隆朝宫廷藏传佛教的主要传播者，他编译了大量珍贵的藏传佛教典籍，如满文《大藏经》、蒙文《大藏经》等，这些经文对藏传佛教的传播起到了重要的作用。乾隆帝通过对藏传佛教的大力推崇，令满、藏、蒙等民族因宗教上的同一信仰而团结起来。

乾隆帝为了表示对藏传佛教的信仰，不仅广建佛寺，译佛经、造法器，他还将自己比喻成佛教中“文殊”的化身，罩上一层神秘的宗教光环。他命宫中画佛喇嘛与宫廷画家合作绘制自己扮作文殊菩萨的

三世章嘉呼图克图茄贝多吉像

唐卡，如《乾隆帝普宁寺佛装像》、《乾隆帝普乐寺佛装像》、《乾隆帝扎什伦寺佛装像》等，意味着他不仅是人间的帝王，也是佛界的主宰者之一，其政治意图深刻。

此外，乾隆帝还通过巡幸避暑山庄和木兰秋狝，会同蒙古各部王

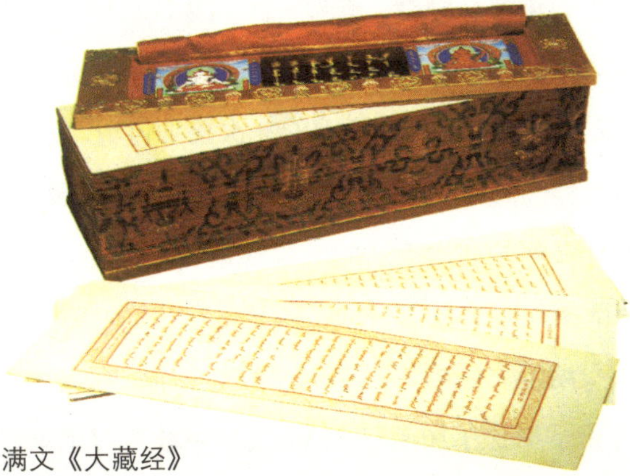

满文《大藏经》

乾隆帝普宁寺佛装像

公及藏族、回族等上层僧俗人士，共同狩猎、娱乐。在活动中使各民族间达到情感上的沟通与融洽。乾隆三十六年(1771年)，长年流寓于伏尔加河流域的厄鲁特蒙古族的土尔扈特人冲破艰难险阻，返回祖国并重建家园，成为乾隆朝民族向心力的一次成功体现。乾隆四十五年，六世班禅长途跋涉，历时13个多月到达热河，参加乾隆帝的70寿辰庆典，也成为乾隆朝民族大团结的一段佳话。

土尔扈特部本是西北厄鲁特蒙古四部之一，游牧于雅尔(塔尔巴哈台之西北)一带，明清之际因躲避准噶尔部的打击，向西南方迁移，来到额济勒河(今俄罗斯伏尔加河)下游居住。沙俄政府对土尔扈特部肆意

《皇清职贡图·土尔扈特人》

欺凌，并要求他们放弃本民族喇嘛教的信仰，改信沙俄的东正教。乾隆二十一年土部使臣吹扎布觐见乾隆帝，向乾隆帝介绍了该部日益遭到沙俄政府欺压的境况，表露了回归祖国的愿望。乾隆帝对此表示热烈欢迎。

土尔扈特人遂在年轻的汗王渥巴锡的率领下，在乾隆三十五年十一月，冲破沙俄政府的层层阻挠，踏上了摆脱沙俄、回归祖国的征途，在第二年的六月最终到达清朝辖区的伊犁河畔。经过千辛万苦的土尔扈特部众，由出发时的33000余户、169000余人，到入境后仅存15000户、70000余人。清廷对他们的回归给予了周到的安排与热情的接待，在很短的时间内，就从甘肃、陕西、宁夏、内蒙等地调集了马牛羊20余万头，粮食4万多石，茶叶2万余封以及大量的毡毯、帐篷，送往归来的土部人驻地，这对人口锐减、饥寒交迫的土尔扈特人来说犹如雪

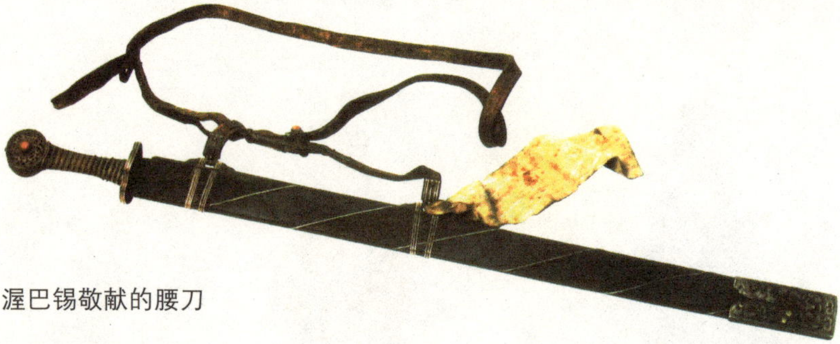

渥巴锡敬献的腰刀

中送炭。三十六年的九月初八日，土尔扈特部首领渥巴锡专程来到了承德避暑山庄，朝见乾隆帝，并向乾隆帝进献了祖传的腰刀、弓、箭等礼品。乾隆帝对年轻汗王的到来很是高兴，挥笔写下《土尔扈特全部归顺记》和《优恤土尔扈特部众记》两文，文中追述了土部的历史与回归祖国的艰辛历程，以及他在接纳土部时力排众议，果断决策的经过和清廷对抚恤土部的原则及具体办法等。乾隆帝出于对土部回归的重视，在写就两文后，特意命造办处将它们刻成青玉册，以便永久留存。同时，还谕令以满、汉、蒙、藏四体文字将两文分别刻于石碑上，继而将石碑立于山庄北面的普陀宗乘庙的碑亭。北京故宫博物院藏有一幅《万法归一图》，图绘在普陀宗乘庙的“万法归一殿”内，乾

《御制土尔扈特全部归顺记》册

《万法归一图》（局部）

隆帝身着朝服与渥巴锡在内的10位土部首领共同聆听高僧讲佛法的盛况。显然，乾隆帝希望在所统辖的辽阔疆域内，各个民族皆万法归一在大清王朝的一统之下。土尔扈特部归来后，清廷将其编设旗盟，分派游牧地区，自此土部在民族团结的大家庭中，耕田放牧，生活安定。

六世班禅进京

六世班禅僧装像

六世班禅主动进京为乾隆帝祝寿，是中国民族宗教史上极为感人的一幕，它标志着乾隆帝所实施的宗教政策的巨大成功。六世班禅(1738–1780年)法名巴丹益喜，是后藏南木林宗扎西则溪卡人。班禅，全称班禅额尔德尼，被尊为无量光佛化身。乾隆六年(1741年)，只有3岁的他被作为转世灵童入驻扎什伦布寺，成为宗教领袖。27岁时，乾隆帝派使臣向他颁赐了金册，对他的宗教地位给予了肯定。

乾隆四十三年(1778年)，40岁的六世班禅向乾隆帝禀奏，想赴京为皇帝70岁寿辰祝寿。乾隆帝接到奏报，万分高兴，迅速答应了班禅的请求，并且谕令有关方面做好隆重接待的一切准备。

遵照乾隆帝谕旨，皇六子质郡王永瑢和吏部尚书永贵不远千里，前往岱海(今属内蒙古自治区)迎接，并且陪同班禅一行至承德热河；向导大臣在班禅所经过的沿途察哈尔、多伦诺尔、克什克腾等地设立宿营地，以便人、马的调养休息。陕甘总督、山西巡抚等要安排好班禅等人的食宿；漠南蒙古哲里木盟、漠北蒙古四部王公则为班禅提供马匹、骆驼等物资。乾隆帝为了迎接班禅一行，还谕命仿后藏班禅所居地扎什伦布寺形制，在承德避暑山庄建造一座占地37900平方米，气势宏伟的庙宇，即须弥福寿之庙，以供班禅居住和讲经之用。同时，乾隆帝自己不顾年迈，抓紧时间学习唐古忒语，以便届时能与班禅直接倾心交谈。

乾隆四十四年六月十七日，是藏历的金曜日，西藏日喀则各寺悬挂缎制佛像、吉祥彩幔，众多佛伽手持法器列队为活佛送行。六世班禅与大总管仲巴呼图克图、经师、堪布、四位罗本喇嘛、夏仲等共13人，向四世班禅大师灵塔和诸护法神上供祈祷，旋即动身东行。班禅大师虽然渡通天河、翻巴颜喀拉山、两渡黄河，路途艰辛、遥远，但

须弥福寿之庙

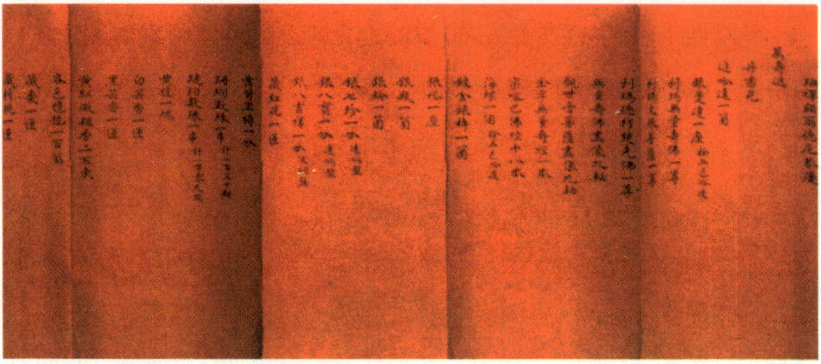

六世班禅贺乾隆七十寿辰礼单 （局部）

是，他时时感受到来自乾隆帝的关怀与问候。当他在青海塔尔寺过冬时，就接到皇帝派人送来御寒的豹袍、貂尾班沙帽、黄蟒缎袍以及丰富的食品等。

历时一年零一个多月，终于在四十五年的七月二十一日，乾隆帝生日前的1个月左右，六世班禅一行平安到达热河。乾隆帝以隆重的礼节在避暑山庄举行了召见仪式，二人相互问候、互赠礼品。班禅激动地向年迈的皇帝表达了他的衷心祝福，以及他拥戴清政府的心情，同时，感谢乾隆帝对黄教的扶持、弘扬。这一切很是令乾隆帝高兴，他为了表示对班禅逾于常规的敬重，特地谕命宫中喇嘛匠师与画师按照西藏唐卡的形式，绘制六世班禅僧装像和俗装像。有意思的是，在俗装像中，六世班禅虽然结跏趺端坐，说经论法，但是，他是坐在惟有皇帝才能坐的雕龙扶手宝座上，身着代表尊贵的黄蟒袍，外罩黄八团龙褂，胸前还挂有朝珠，全然一幅公卿贵族的形象。此画无疑表明清中央政府对西藏宗教领袖六世班禅的认定，及对藏族是民族大家庭中重要一员的认可。

六世班禅在热河期间，向乾隆帝讲授经法，解释经典，并主持了须弥福寿之庙的开光仪式，还参加、主持了一系列庆典活动。其中八月初七日的佛事活动最为热烈。这一天，乾隆帝率内大臣、皇子们聆

六世班禅俗装像

听班禅大师讲经说法。班禅大师精神抖擞地先唪长寿经，后致吉祥辞，再诵祈愿词，并向乾隆帝献上他不远万里带来的藏传佛教器物，如佛家的经典、造像、法器、历世班禅所供奉的唐卡等。乾隆帝为了感谢六世班禅的到来，则在万树园举行了四次大型的欢迎宴会，同时在山庄的清音阁大戏楼连续演戏10天，歌舞升平的民族团结景象始终充溢在山庄内的每个角落，感动着每一个人。

同年九月初二，六世班禅在皇六子永瑢等人的陪同下离开避暑山庄，应邀抵达京师，住到了建于顺治九年(1652年)，原五世达赖在京居住地西黄寺。

西黄寺

班禅在京期间，广做佛事，为众僧授戒，弘扬佛法；并且，为香山、圆明园、万寿山、雍和宫等佛寺作开光善住。其中，香山的宗镜大昭庙位于环境优美的皇家园林静宜园中，是乾隆帝为接待班禅到京，仿扎什伦布寺修建的大型藏式寺庙。班禅入京后的一项主要活动，就是在乾隆帝和王公大臣们的陪同下，于九月十八日，为此庙主持开光仪式，班禅事后在此庙善住三日方离去。

班禅在热河及京师，连日的劳累，又加上不适应京城的气候环境，免疫力下降，结果患上痘疹，于十一月初二日在西黄寺病逝。乾隆帝闻之，万分悲痛，立即谕令为六世班禅举行最隆重的葬礼。并且亲自率领王公大臣至班禅灵堂拜谒。第二年二月，班禅的灵柩由理藩院尚书护送，各大寺堪布扶灵回藏。

班禅走了，他以自己的生命化作一道最绚丽的彩虹，加强了清廷与蒙藏之间的友善交往与沟通。

英使马戛尔尼来华

通过土尔扈特部的回归、六世班禅的进京祝寿，不难看出，乾隆帝在民族问题上，是位政策运用灵活并且能够妥善处理民族关系者。相比之下，他在处理中西方交往问题上，则显现得政策呆板、态度僵硬，基本上采取“允许”或“不允许”两种简单的外交方式。

《圆明园西洋楼 · 养雀笼东面》

其允许的方面，主要体现在对西方文化的认可上，如绘画、工艺、钟表、建筑等艺术领域。许多传教士来到中国后，因擅长绘画或工艺制造，被乾隆帝召入宫廷，做了他的画师、机械师、建筑设计师，有的还被封以清廷的官职，如意大利画家郎世宁逝世时，乾隆帝特追赐他侍郎衔，并赏银三百两为他料理丧事。在他的允许下，西洋精美的钟表成为宫廷生活中最为时尚的玩具和室内摆设品。西洋绘画受到前所未有的高度重视，成为乾隆朝宫廷绘画中不可分割的一部分。西欧大陆先后流行的“巴罗克”和“罗可可”风格的建筑样式，被建造在了其主要的皇家园林之一圆明园内，它们与中国传统的园林模式相映生辉。

乾隆帝不允许的，主要体现在西方国家对华的贸易往来上。乾隆帝于二十二年(1757年)，谕令外国商船不准到宁波，只限定在广州一口岸通商。这比康熙二十五年(1760年)开放海禁时规定的广州、漳州、宁波和云台山四地为通商口岸就更为封闭。

英国东印度公司为了打开清廷紧闭的门户，于乾隆二十至二十二年，曾数次派遣商人来华贸易，但均遭到中方的拒绝。于是公司董事会经反复考虑，决定派遣英国商人洪仁辉与中国最高当局直接接触，以打破对华贸易的困境。乾隆二十四年便发生洪仁辉北上天津告状，言“在广东澳门做买卖，因行商黎光华欠(我)本银五万余两不还”请示诉讼的事件。

洪仁辉事件发生后，非但没有打开英国对华贸易的新局面，反而导致清廷关闭闽、江、浙三海关，实行更加严格的闭关政策。两广总督李侍尧于乾隆二十四年提出《防范外夷规条》，后经乾隆帝批准，成为清廷第一个全面管制外商的正式章程。此后，英国上层社会虽然接二连三地要求清廷改变这项政策，但乾隆帝毫不让步，最后终于导致了马戛尔尼使节团的访华活动。

1792年，英王派出以马戛尔尼勋爵为首的英国使节团，该团合计约700人，包括外交官、青年贵族、天文学家、医师、乐师、技师以及水手、士兵和仆役等。他们由英吉利海峡朴茨茅斯港分乘“狮子号”、“印度斯坦号”等5艘军舰前往中国。

马戛尔尼一行打着为乾隆帝补祝八旬万寿的旗号，带着代表着欧洲先进科学技术的天体运行仪、地球仪以及毛瑟枪、连珠炮等丰厚的礼品六百箱，历经海上风波，于乾隆五十八年(1793年)六月二十一日

马戛尔尼敬献的腰刀

到达中国的澳门，以后经过福建、浙江、江苏、山东沿海北上，在天津大沽登陆后，再经通州至北京，七月末由北京至承德，欲拜见正在避暑山庄的乾隆帝。

在见乾隆帝之前，中英双方官员发生了觐见礼仪的争执，马戛尔尼坚持要行曲膝单腿下跪并吻手的英国臣下见英王之礼，清廷则坚决

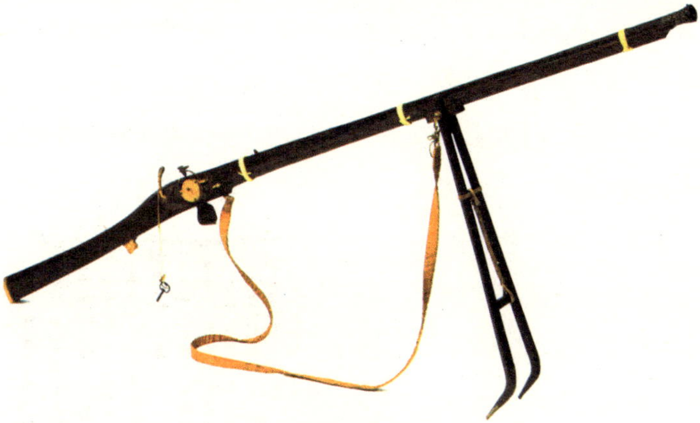

马戛尔尼敬献的火枪

要求马氏行中国臣子见皇帝的三跪九叩首大礼。双方最终各有让步。同年的八月十日，乾隆帝身着龙袍衮服精神百倍地来到避暑山庄的万树园，在大幄内的宝座上坐定。在中和韶乐《元平之章》声中，身着本国盛装的马戛尔尼在礼部尚书的引领下，进行谒见，他行了“一膝屈拜之礼”而免去了吻手之礼。礼毕，他及随行的高官被赏赐绫罗绸缎、瓷器等大量的物品，并应邀参加了清宫组织的各种大型活动，如观看

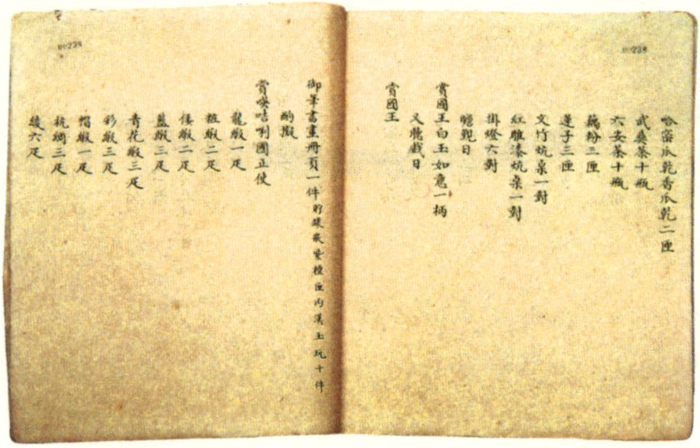

乾隆帝给英国国王乔治三世及英国使臣马戛尔尼的物品清单（部分）

五光十色的烟花燃放和宫中的戏曲演出等。农历八月十三日，乾隆帝83岁寿辰这一天，他们又被邀请参加了在澹泊敬诚殿举行的庆寿典礼。

万寿节庆祝活动结束之后，乾隆帝认为英国使团来华祝寿的使命已完成，便将他们打发回到京城。马戛尔尼根据本国政府的训令，向中国接待大臣和珅提出了他们此行真正的目的：希望清廷允许在中国开辟新的中英贸易港口；希望英国人能在北京开辟新的市场；英国商人能长期在茶叶、丝绸产地居住并享有租界地、英国人能在广州自由出入，不加任何限制，以及减、免英国人货物关税等多项要求。乾隆帝断然拒绝了使节团提出的一切要求。同年，无功而返的英国使团乘坐“狮子号”军舰从广州黄埔启航回国。

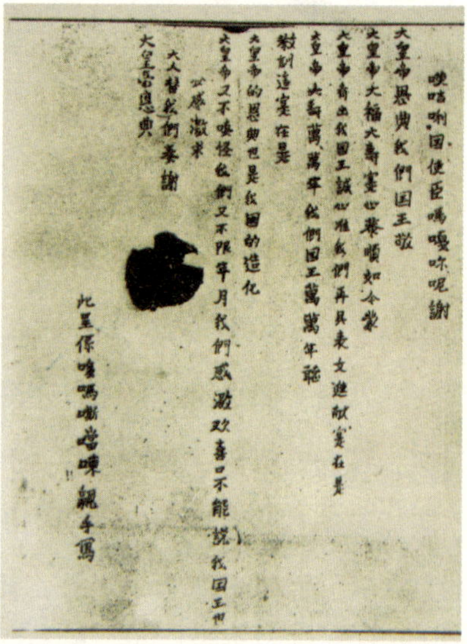

马戛尔尼谢恩书

以马戛尔尼为首的英国使节团最终未能打开乾隆朝固步自封的大门。对于他们来说，此

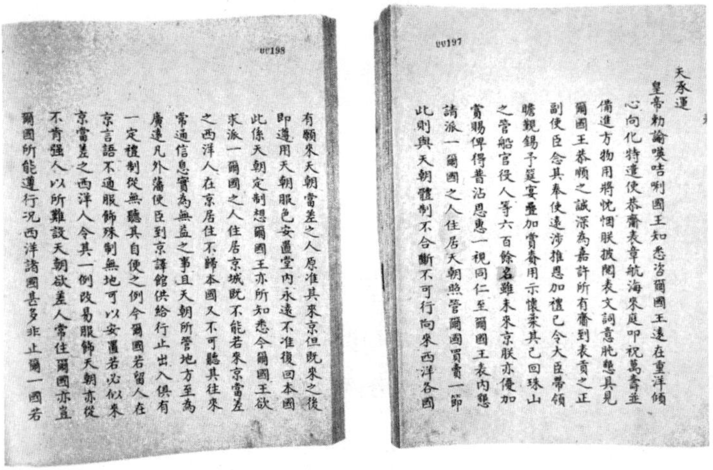
UU197

天承運
皇帝勅諭嘆咭唎國王知悉咨爾國王遠在重洋傾
心向化特遣使恭齎表章航海來庭叩祝萬壽並
備進方物用將忱悃朕披閱表文詞意肫懇具見
爾國王恭順之誠深為嘉許所有齎到表貢之正
副使臣念其奉使遠涉推恩加禮已令大臣帶領
瞻覲錫予筵宴疊加賞賚用示懷柔其已回珠山
之管船官役人等六百餘名雖未來京朕亦優加
賞賜俾得普沾恩惠一視同仁至爾國王表內懇
請派一爾國之人住居天朝照管爾國買賣一節
此則與天朝體制不合斷不可行向來西洋各國

UU198

有願來天朝當差之人原准其來京但既來之後
即遵用天朝服色安置堂內永遠不准復回本國
此係天朝定制想爾國王亦所知悉今爾國王欲
求派一爾國之人住居京城既不能若來京當差
之西洋人在京居住不歸本國又不可聽其往來
常通信息實為無益之事且天朝所管地方至為
廣遠凡外藩使臣到京譯館供給行止出入俱有
一定體制從無聽其自便之例今爾國若留人在
京言語不通服飾殊制無地可以安置若必似來
京當差之西洋人令其一例改易服飾天朝亦從
不肯強人以所難設天朝欲差人常住爾國亦豈
爾國所能遵行況西洋諸國甚多非止爾一國若

乾隆帝给英国国王的回信 （部分）

次对华外交是失败的。但事实上，中国也不是胜利者，因为，清廷在闭关锁国的同时，把当时西方最先进的科技文明也拒之门外，它失去了一次借鉴和学习外部世界的机会，从而延误了中国社会的发展。

清王朝作为东方的封建大国，之所以采取拒绝与世界各国交往的闭关自守政策，其原因应该是多方面的。首先是政治上，清王朝是一个以少数民族统治人口过亿的政权，统治者时刻担心其政局不稳，害怕不甘心屈服的汉民族会借助外来势力动摇其政权的稳定性。拒外实际上是为了防内。其次是经济上，中国是一个传统的，以农业与小手工业密切结合的自然经济社会。自给自足的经济形式，养成不依赖对外贸易的心理。再有就是在思想上，以乾隆帝为首的统治者们，陶醉于盛世的辉煌之中，固守着自我满足的陈腐思想，他们以天朝自居，将国土之外的一切国家鄙视为外夷。

乾隆帝保守、封闭的对外政策，不仅束缚了中外贸易的发展，而且使得中国统治层严重缺乏与外部世界进行交流的意愿，从而也就错过了与当时先进的资本主义文明并进的机会，阻止了中国经济的开发和社会的进步，中国成了一个孤芳自赏的封建孤岛。

力促农业增产

乾隆帝之所以能够在对外贸易上时时流露出财大气粗的优越感，之所以能够在频繁的各类战争中屡屡取胜，其重要的原因是，他拥有着最为雄厚的经济基础。在他统治的繁荣期，岁入银4000余万两，国库存银长期保持在5000至7000万两之间，有时多达8000余万两。这表明当时社会总体经济实力已能够维持着庞大人口的经济消费。据统计，乾隆六十年(1795年)时，社会人口已达三亿之多。

乾隆朝经济力量的强大，主要得力于乾隆帝对农业生产、水利建设始终如一的重视。在对以农为本的封建大国的统治上，康熙帝采取的是“盛世滋丁永不加赋”的政策，雍正帝实施的是“摊丁入地”策略。乾隆帝继承了祖父、父亲重农桑的传统，亦采取了一系列行之有效的举措，如多次蠲赋、劝垦等。

《农书·圃田》

田赋蠲减增加了耕种者的积极性，促使他们通过经营方式的改进而提高土地的单位产量。如通过深耕而优化土地质量，通过选种而提高种子的成活率及产量。漏锄技术的应用使土地保持了良好的墒情。改进中耕、巧施农肥、凿井灌溉、试行耩耕等，都有利于农作物的增产。

劝垦便是鼓励民间开垦内地和边省山头地角的畸零土地，又利用驻军屯田的形式，在新开辟的边疆地区垦荒。在乾隆帝劝垦政策的鼓励下，全国垦田数字直线上升。据《清高宗实录》各卷统计，从乾隆五年至三十九年(1740—1774年)间，仅内地各省的垦田数字即超过20万顷，这在很大程度上缓和了因人口迅速增长而造成的耕地相对不足的矛盾，同时也大大促进了社会经济的发展。

《农书·茧馆图》

乾隆帝与前代诸帝不同的是，还特别注重宣传和普及科学的农业生产知识。他一方面谕令将前代指导农业生产的重要书籍予以翻刻，广为宣传，如元代王祯所著《农书》收入《四库全书总目提要》、《武英殿聚珍版书》；一方面谕令大学士鄂尔泰、张廷玉等编纂一部记录和总结农业生产技术的《钦定授时通考》。此书共78卷，分为天时、土宜、谷种、功作、劝课、蓄聚、农余、蚕桑等8个门类，结构体系完整，引证具体周详，同时配有许多直观的插图，通俗易懂，是一部继北魏贾思勰《齐民要术》、明代徐光启《农政全书》之后详细介绍农业生产各种知识和技术的农学著作，对于全面发展当时的农业生产，具有一定的指导意义。乾隆二年此书辑成后，乾隆帝便谕令颁发各地，作为地方官员劝课农桑，指导生产的依据。

《钦定授时通考·窖》

乾隆帝还大力鼓励个人编纂介绍与农业相关的著作。乾隆四十九年，当74岁的乾隆帝看到举人陆耀所著的介绍甘薯的种植、储藏等过程的《甘薯录》后，立即令直隶总督刘峨、河南巡抚毕沅将此书广为刊印，务必使家喻户晓；同时，将陆耀晋升为湖南巡抚，以示嘉奖。

甘薯亦称经薯、地瓜，是一种适应性极强的农作物。既耐旱耐涝，又耐碱抗虫。特别是它是一种高产农作物，一亩地能收近万斤，广为栽种，可接济民食。因此乾隆帝全力推广这种作物。与此同时，他还向民众积极推广另一种高产作物玉米。玉米和甘薯均原产于南美洲，明末时期才传入中国。玉米的推广与当时在开垦山头地角法令鼓励下，大批流民进入深山有关。湖北、湖南、四川、陕西的深山流民很快就将种植玉米作为主要的生计手段。高产作物的推广，是促使乾隆朝农

《钦定授时通考·磨》

业生产力提高的重要因素，它除了直接为不断增长的人口食粮需求提供了保障，而且还使棉花、桑叶、甘蔗、烟草、茶叶等经济作物的种植面积进一步扩大，为手工业的发展提供了源源不断的原料。

乾隆帝与前代诸帝相同的是，为了表示重视农业和祈求丰收，他要亲自主持一系列与农业相关的仪式活动。如每年除参加最为隆重的大祀圜丘以报答上天的赐予外，还要在正月的上辛日，至天坛祈年殿“为民祈谷”；春秋祭社稷坛，夏季到地坛祭地等。他称帝的60年中，有28年举行了亲耕和祭先农坛典礼。

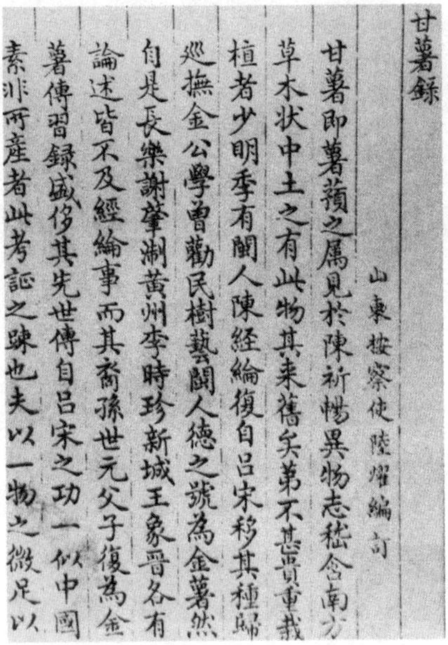

甘薯錄

山東按察使陸燿編訂

甘薯即薯蕷之屬見於陳祈暢異物志嵇含南方草木狀中土之有此物其來舊矣第不甚貴重栽植者少明季有閩人陳經綸復自呂宋移其種歸巡撫金公學曾勸民樹藝閩人德之號為金薯然自是長樂謝肇淛黃州李時珍新城王象晉各有論述皆不及經綸事而其裔孫世元父子復為金薯傳習錄盛侈其先世傳自呂宋之功一似中國素非所產者此考証之疎也夫以一物之微足以

《甘薯录》书影

乾隆帝在农作物播种或秋收季节，如果遇到旱、涝天气，还要主持雩祭。史料记载，乾隆二十四年的四月，气候异常干燥，北方地区的农田干裂得无法播种，焦急万分的乾隆帝立即到天坛的圜丘举行祈雨祭典。为了表示求雨的虔诚，他要斋居、素服、不乘辇、不设卤簿，步行前去求雨。结果是到了五月，天还是未下雨，乾隆帝就又步行至社稷坛祈雨，但是，天还是没下雨。夏至，他又来到地坛祈雨，结果仍旧是滴雨未降。干旱的气候即将危及到晚禾的收获，心急如焚的乾隆帝便又于六月十一日，再次来到天坛的圜丘举行大雩礼，并且亲自撰写“请以臣身代民请命”的祝文，言辞诚恳，表达了他祈求天降惠雨的迫切心愿。

据统计，乾隆帝在位期间亲自主持这种祈雨的祭祀活动达 30 余

天坛祈年殿

先农坛

次。在他的诗文中常见有“喜雨”、“报雪”等与农业相关的即兴吟咏之作，从一个侧面也反映出他对农业生产的重视。

在乾隆帝身体力行的榜样作用下，“务本足国，首重农桑”的指导政策下，通过对农业久抓不懈的努力，使得全国农业生产的耕地面积不断扩大，农作物品种不断增多，从而满足了激增的人口需求，也奠定了乾隆盛世的牢固经济基础。

大兴水利工程

乾隆帝在发展农业的同时，对与农业密切相关的水利建设也极为关心。在其执政伊始就提出“水利诚以国计民生所关也”的观点，在具体的施政中，更是不遗余力地大兴水利工程，从而为农业发展提供了必要保障。

水利建设，以整治黄河为首要任务。源自青海巴颜喀拉山北麓的黄河在滋润着华夏文明的同时，亦以从黄土高原裹挟来大量泥沙而造成灾害。自北宋以来，黄河泥沙将下游河床逐年抬高，导致河水改道南移，夺淮入海，其水患殃及至淮河。黄、淮泛滥为灾后，又倒灌与之相交叉的运河，将其堤防冲坏。更为严重的是，由于泥沙带入运河，使河床变浅，难以行船，令漕运中断，南方钱粮不能北运，国家财政大受其害。

对于黄河水患，早在康熙朝就大规模地整治过，颇见成效，黄河安澜 20 余年。乾隆朝时，黄河携带的巨量泥沙，渐渐又将河道淤塞，在他 60 年的执政期内，有 20 年因黄河决口、漫堤酿成大灾。

黄河对于农业重心的中原地区来说有着极其重要地位，所以乾隆帝对治理黄河水患非常重视，他南巡的主要目的之一便是视察黄河，治水防灾。在乾隆帝的主持下，对黄、淮河采取了一系列的治理措施，主要是围绕着增固堤堰，开挖引河，建减水坝，分流、疏浚下游河道，以及防止黄河水倒灌洪泽湖而进行。当大学士阿桂等人向乾隆帝奏报黄河漫口合龙，主水流全入新河一事时，乾隆帝高兴万分，亲自为此事题诗 12 首，并命将诗文刻制成玉册存于宫中。可见，乾隆帝对黄河水况的高度重视。

大学士阿桂等奏报黄河漫口合龙大溜全入新河纪事十二韵

除了治理黄河，乾隆帝在全国范围内，还开展了对其它各有害河流的根治，如，修治了京畿地区的永定河、江浙地区的太湖，疏浚了刘家、吴淞、黄浦三江等。

永定河又名无定河，源出太行山，东南入京畿宛平，下汇凤河入海。它挟带的泥沙导致河水多次泛滥，为害甚大，素有小黄河之称。因此，乾隆帝对它的治理从来不敢掉以轻心。从乾隆二年(1737年)起，几乎年年对该河流进行施工防洪，如疏通其中段河道，挑扩下口，使之通畅，每每所费帑金数十万。当乾隆四年(1739年)七月二十二日，直隶河道总督顾琮向乾隆帝奏报：永定河在今年的汛期，由于它的堤埽工程事先有所修防，加之它的下游水流通畅，因此没有造成水患时，乾隆帝心里很是高兴，同时，提醒顾琮在防止水患上决不可掉以轻心。所以，在回批中明确地指出，永定河没有造成灾害，全是上天之恩，“不得谓料理得宜，永远无虑。”

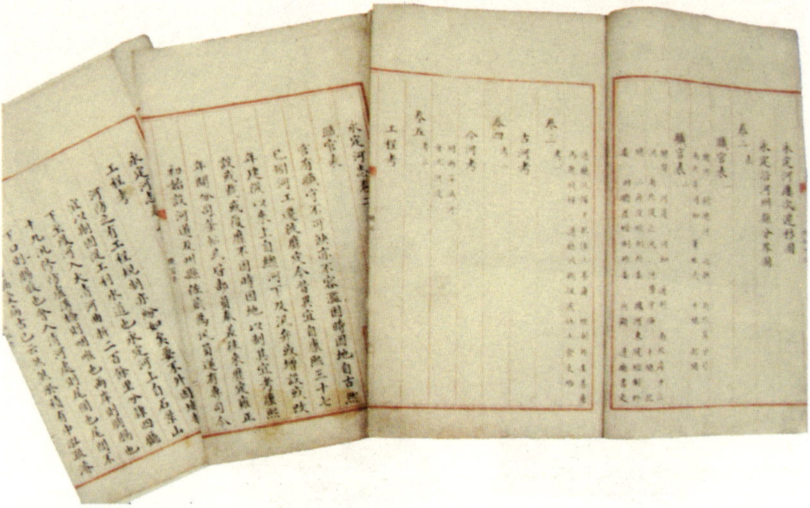

《永定河志》（局部） 乾隆年间抄本

顾琮奏报直隶南运河水势情形折

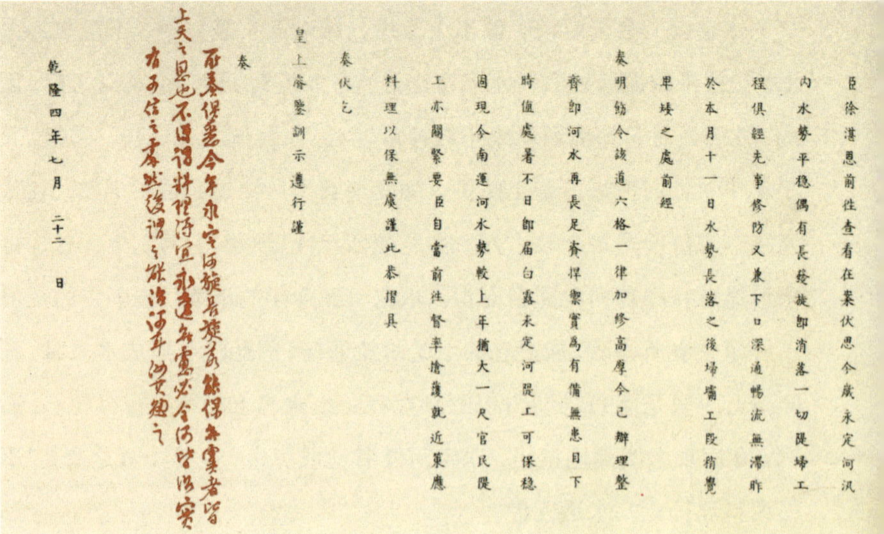

臣徐湛恩前往查看在案伏思今歲永定河汛
內水勢平穩偶有長發旋卽消落一切隄埽工
程俱經先事修防又兼下口深通暢流無滯昨
於本月十一日水勢長落之後埽壩工段稍覺
卑矮之處前經
奏明飭令該道六格一律加修高厚今已辦理整
齊卽河水再長足資捍禦實爲有備無患目下
時值處暑不日卽届白露永定河隄工可保穩
固現今南運河水勢較上年猶大一尺官民隄
工亦關緊要臣自當前往督率搶護就近策應
料理以保無虞謹此恭摺具
奏伏乞
皇上睿鑒訓示遵行謹
奏
乾隆四年七月 二十二 日

在乾隆帝的督促下，永定河的河道官们可谓是尽心竭力，颇怕有所闪失而获罪。他们不仅经常视察河道，了解水情，还著书立说。其中以河道官李逢亨的《永定河志》最著名，全书共32卷，不仅记录清前期诸皇帝关于永定河治理的谕旨和诗文，而且又通过绘画、集考、工程、经费、建置、职官、奏议、附录等8个门类，分别记述了永定河河道变迁、治河工程、管理机构设置及变更等。全书较集中地反映了清前期治理永定河的成就。

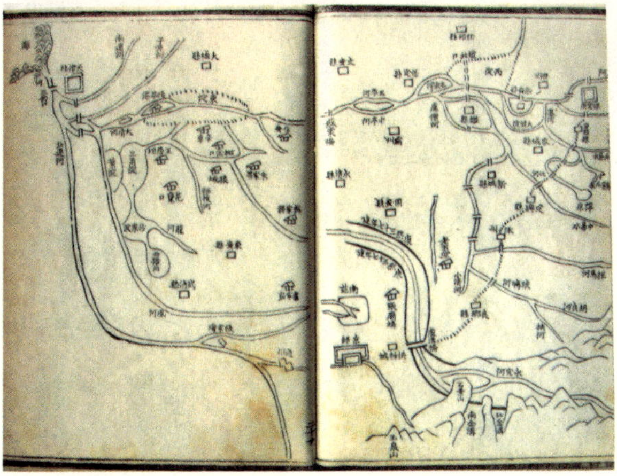

《永定河志》（局部） 嘉庆年间刻本

与北方根治各种河流如黄河、海河、淮河、永定河等的水利建设不同，在南方主要是治理各种海塘。

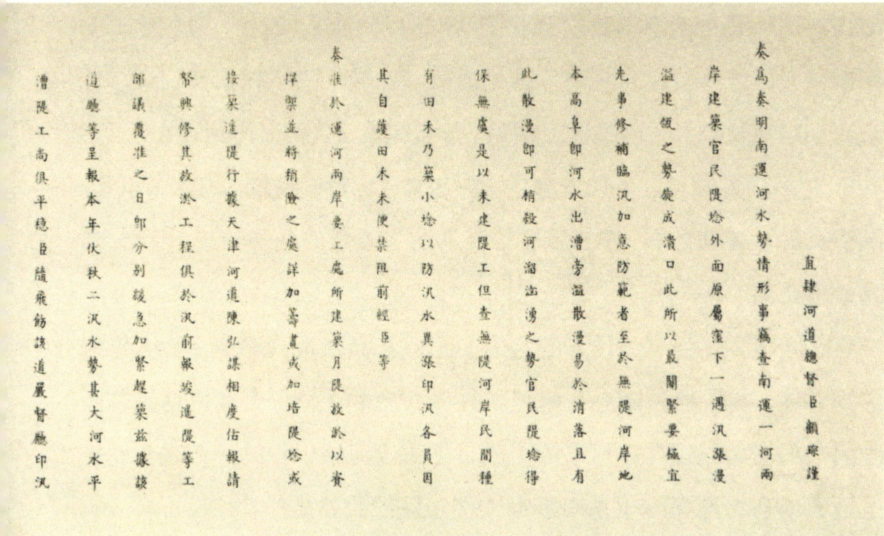

直隸河道總督臣顧琮謹
奏為奏明南運河水勢情形事竊查南運一河兩
岸建築官民隄埝外面原屬窪下一遇汛漲漫
溢建瓴之勢旋成潰口此所以最關緊要極宜
先事修補臨汛加意防範者至於無隄河岸地
本高阜即河水出漕旁溢散漫易於消落且有
此散漫即可稍殺河溜洶湧之勢官民隄埝得
保無虞是以未建隄工但查無隄河岸民間種
有田禾乃築小埝以防汛水異漲印汛各員因
其自護田禾未便禁阻前經臣等
奏准於運河兩岸要工處所建築月隄放淤以資
捍禦並將稍險之處詳加籌畫或加培隄埝或
接築遙隄行據天津河道陳弘謀相度估報請
發帑興修其放淤工程俱於汛前報竣進隄等工
部議覆准之日即分别緩急加緊趕築茲據該
道廳等呈報本年伏秋二汛水勢甚大河水平
漕隄工尚俱平穩臣隨飛飭該道嚴督廳印汛

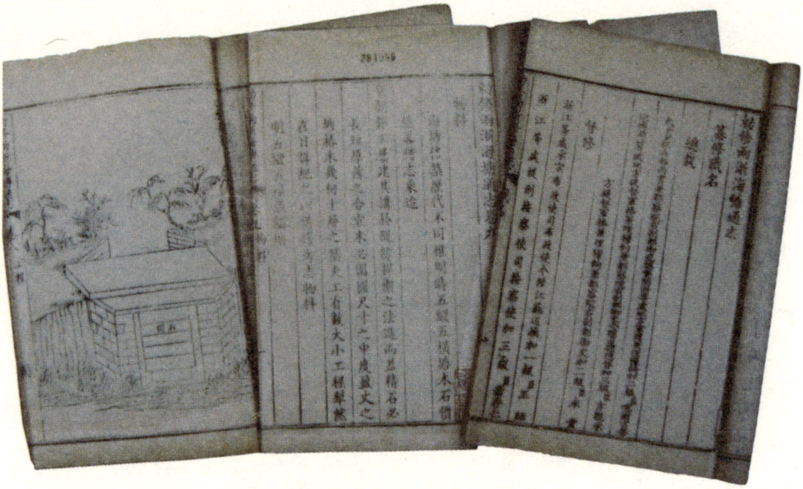

《两浙海塘通志》书影

海塘主要集中在江苏、浙江临海处，受海潮的影响，常发生海水倒灌的现象，大片的土地被侵吞而不能耕种，对农业生产造成很大的损害。为此，乾隆帝对修建海塘极为重视。他6次南巡，其中有4次巡视海塘工程，亲自指授治理方案。同时，他委派治水有经验的方观承等人，前往江浙一带整治海塘。方观承(1698－1768年)字遐谷，号问亭，安徽桐城人。曾修治过永定河，颇见成效。乾隆十三年任浙江巡抚，他亲自勘察海塘淤地，招民垦田纳粮，并且撰写了《两浙海塘通志》(20卷)。此书分为图说、历代兴修、本朝建筑、工程、物料、坍涨、职官、潮汐及海塘等项内容，详细叙述了江浙两省水情的各类情况，因此，极具参考价值。

乾隆晚期，经官、民齐心努力，先后在浙江境内修建了248里的鱼鳞石塘，在钱塘江南岸也修建了许多石塘和土塘。大规模地修筑坚固耐久的石塘，以代替原来的土塘，是清代海塘工程的一大进步，一道道石塘有力地保障了东南沿海富饶之区的农耕生产。

编纂《四库全书》

乾隆帝仰仗其强大的经济实力，还进行了一系列前所未有的大规模编纂与整理历史文化典籍活动。执政60年间，官修书籍达120余种之多，成为历代帝王中修书最多者。其修书的范围非常广泛，包括经学、数术、音韵、词章、典章、图志、天象、医学、书画等等。其中最具影响力的是《四库全书》的编修，它不仅是乾隆帝主持的规模最大的一项文化工程，也是对封建文化传统的一次全面总结和整理。

《四库全书》的编纂缘于朱筠(1729—1781年)的上书。朱筠字美叔，一字竹君，号笥河。乾隆年进士，官至翰林院侍读学士。他博学多才，并且精通金石文字之学。乾隆三十七年(1772年)底，作为安徽学政的他上疏乾隆帝，提出了搜访校录书籍的4条建议，其中心思想是要求朝廷对全部现存文献进行一次继汉、隋、唐、宋之后的总清理。此时，年逾61岁的乾隆帝，也已认识到康熙朝编撰的《古今图书集成》有所欠缺，尤其是该书“因类取裁，不能悉载全文”很不科学。

三十八年的三月，乾隆帝正式颁谕重新编纂一套大型丛书，希望它能够网罗古今名籍，做到“四库七略，益昭美备”。同时向全国各地展开了全面的征书活动。所收图书大体分为三类：一是有关国家治理和品德教化方面的“性学治法”之书；二是有关规章典籍、考订制度方面的“孜核典章”政书；三是历代及当代的著名文论或诗作，即“九流百家”之作。

乾隆帝为了激发藏书家们的献书热情，根据献书量的多寡进行奖励。如对献书达五六百种之多的江南藏书家鲍士恭、范懋柱、汪启淑以及两淮马裕四家，各奖赏《古今图书集成》一部，“以为好古之勤”；献书一百

永瑢像

永瑢时年32岁，任《四库全书》馆总裁已2年有余

种以上者，如江苏的周厚堉，浙江的吴王墀、孙仰曾以及宫中大臣纪昀、黄登贤、汪如藻等人，各赏给刚刚刊印出版的《佩文韵府》一部。

在乾隆帝恩威并施的推动下，仅一年多的时间，各地即进书12次，计4523种、56955卷，无卷数者2092册尚不计及。乾隆帝除向民间征集藏书外，还谕令编纂官们要充分利用官方的藏书，如《大清会典》、《周易折中》以及懋勤殿、武英殿等内廷藏书进行补充。据统计，经多方搜集所得的古今图书总计12900余种、168000千余册，它们成为编撰《四库全书》的基本资源。

纪昀画像

乾隆帝为了更有力地实施这项文化工程，同时也为了加强对编纂工作的有效监控，成立了一个自上而下、职责分明的编纂机构，包括总裁、总纂、提调、纂修、分校、督催、收掌等若干等级。总裁为五人，负责总理馆内一切事宜。总纂官为纪昀和陆锡熊俩人，他们精研儒家经典，旁通诸子百家，负责撮举书籍大纲、总目等，在《四库全书》的编纂过程中，实际起着主持的作用。纂修官以饱学之士姚鼐、程晋芳、任大椿、汪如藻、翁方纲等人担任，此外，参与编纂的重要学者还有余集、周永年、戴震等人。经统计，整个四库全书馆上自总裁，下至各项专职工作人员，总数达360余人，这其中不包括患病离职、调任、

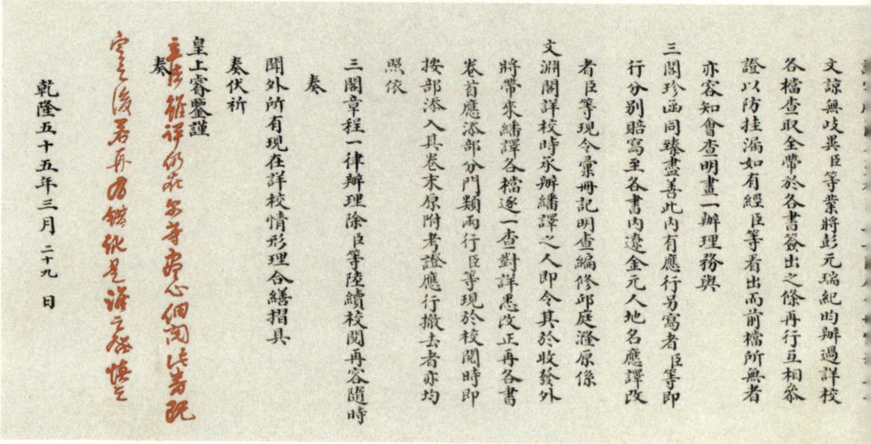
文諒無歧異臣等業將彭元瑞紀昀辦過詳校
各檔查取全帶於各書簽出之條再行互相參
證以防挂漏如有經臣等看出而前檔所無者
亦容知會查明畫一辦理務與
三閣珍函同臻盡善此內有應行另寫者臣等即
行分別賠寫至各書內遼金元人地名應譯改
者臣等現令彙冊記明查編修郎庭溎原係
文淵閣詳校時承辦繙譯之人即令其於收發外
將帶來繙譯各檔逐一查對詳悉改正再各書
卷首應添部分門類兩行臣等現於校閱時即
按部添入其卷末原附考證應行撤去者亦均
照依
三閣章程一律辦理除臣等陸續校閱再容隨時
奏
聞外所有現在詳校情形理合繕摺具
奏伏祈
皇上睿鑒謹
奏
乾隆五十五年三月二十九日

陆锡熊奏报详校文溯阁《四库全书》情形折

革职等人。实际参加者达3000多人。

乾隆帝深知，虽然参加编纂的都是些严谨的学者，但是由于工作繁多、工程浩大，难免会有所失误。为了减少谬误，他谕令总裁大臣们在一开始就拟定了一份《功过处分条例》，对编纂、誊录、校对人员的功过赏罚事先作了明文规定。

陆锡熊因编纂卓有成效，受恩赏尤多，乾隆四十五年(1780年)任光禄寺卿，两年后擢大理寺卿。但是同时，他也因误将违例书籍收入《四库全书》而多次获罪受责。五十二年，清廷发现《四库全书》中有诋毁朝廷字句的书籍，乾隆帝大怒，令陆锡熊和纪昀负责重新修正，并由他两人分摊所需费用。中国第一历史档案馆藏有一份《陆锡熊奏报详校文溯阁全书情形折》，它是乾隆五十五年年初，陆锡熊率《四库全书》纂修刘权之、关槐、潘曾起等人，到盛京(今沈阳)撤换已入藏文溯阁的《四库全书》中的违碍书目，于三月二十九日，向乾隆帝奏报工作进展情况的奏折。乾隆帝阅毕后，以硃批告诫陆锡熊，审

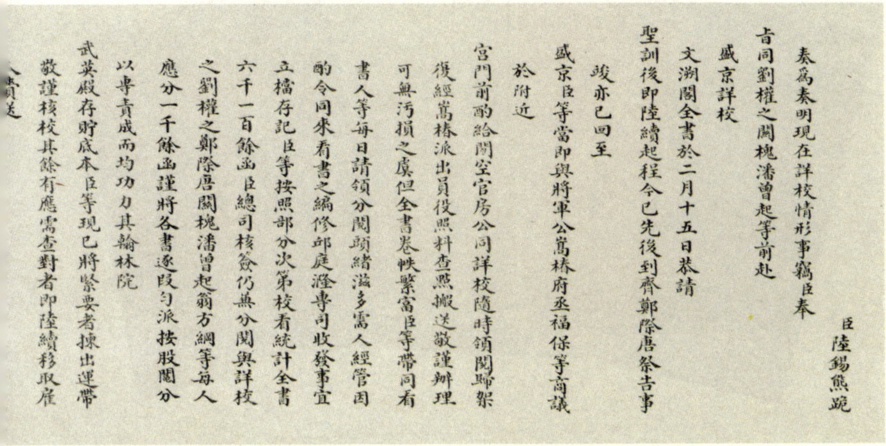

臣陸錫熊跪
奏爲奏明現在詳校情形事竊臣奉
旨同劉權之關槐潘曾起等前赴
盛京詳校
文溯閣全書於二月十五日恭請
聖訓後即陸續起程今已先後到齊鄭際唐祭吉事
竣亦已回至
盛京臣等當即與將軍公嵩椿府丞福保等商議
於附近
宮門前酌給閑空官房公同詳校隨時領閱歸架
復經嵩椿派出員役照料查點搬送敬謹辦理
可無污損之虞但全書卷帙繁富臣等帶同看
書人等每日請領分閱頭緒滋多需人經管因
酌令同來看書之編修郎庭湰專司收發事宜
立檔存記臣等按照部分次第校看統計全書
六千一百餘函臣總司核簽仍兼分閱與詳校
之劉權之鄭際唐關槐潘曾起翁方綱等每人
應分一千餘函謹將各書逐段匀派按股閱分
以專責成而均功力其翰林院
武英殿存貯底本臣等現已將緊要者揀出運帶
敬謹核校其餘有應需查對者即陸續移取應

阅时一定要细心，否则还将追究责任，言：“立法虽详，仍在尔等尽心细阅。此番既定之后，若再有错讹，是谁之咎？慎之！”尽管如此，陆锡熊此番复审还是大意了。乾隆五十六年，清廷又发现《四库全书》内有多处失误，陆锡熊不得不于这年的严冬再次赴盛京，重校文溯阁的《四库全书》。心力交瘁的他在抵达盛京后不久便病殁了。陆锡熊以付出生命的代价成为受处罚最重者。当时，受处罚最多者是总校官何思钧(罚3728次)、王燕绪(罚3705次)、仓圣脉(罚1686次)等人。

乾隆四十七年，第一部《四库全书》修成，加上以后抄写和整理，前后约20年才全部缮写完毕。这部我国古代最大规模的文献丛书，分编为经、史、子、集四部，共收图书3457种、79070卷，另有存目书6766种，93551卷。共缮写七部，分别收存于专为藏书建造的七阁内，即北京紫禁城文渊阁、圆明园文源阁，沈阳盛京皇宫文溯阁，河北承德避暑山庄文津阁，扬州文汇阁、镇江文宗阁、杭州文澜阁；前四阁又称“北四阁”，后三阁称“南三阁”。这些藏书阁基本上都是依照浙

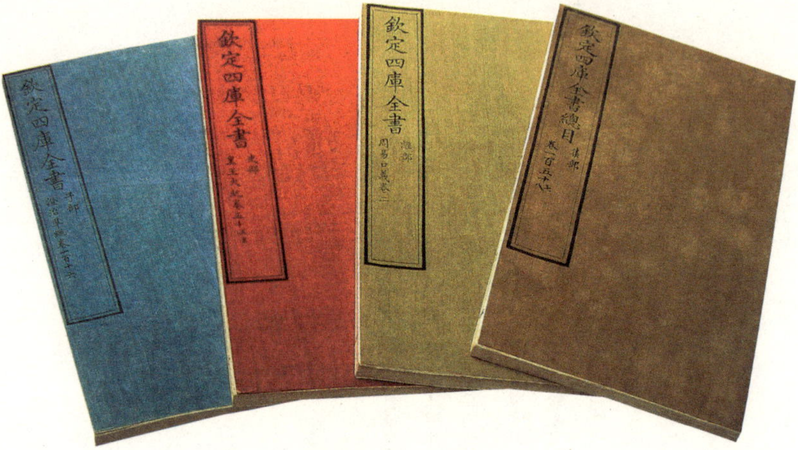

《钦定四库全书》封面

江天一阁的规制修建，不过规模更大，并在内部结构上有所改进。天一阁上下二层，只有上层用于置书，而七阁皆采用明二层暗三层的“偷工造”法，即从外面看上去是重檐两层，实际上却利用上层楼板之下的腰部空间多造一夹层。

乾隆帝动用大量人、财、物，不遗余力地编纂《四库全书》，有着其深刻的政治目的。即通过对历代书籍的清理、总结，进一步宣传有利于统治的思想主张，规范人们的言论行为，维护清王朝的长治久安；也借以炫耀其文治，表明自己是位“稽古右文”的圣明天子。

从某种意义上讲，《四库全书》的编纂实际上也是一种在文化形式下的政治行为。在编纂过程中，凡记载清入关前史实，叙述明末清初史事的著作，乃至宋、元、明、清时期具有民族思想及反清意识的书籍，均查出销毁。据统计，下令查禁、销毁了近三千余种，六七万卷以上的“悖逆”、“违碍”书籍，其种数几与《四库》现收书相等。

值得关注的是，有些著作尽管被收到了《四库全书》内，但是它们在内容上被做了一定的删改。乾隆帝在当时曾做有关于图书删改范

文渊阁

围的规定，以免标准不统一而造成混乱。规定从维护统治者利益出发，凡是遇到对历代帝王不敬的文句要改，不利的史料要删；史实记载失误处要修正；对少数民族带有歧视的写法、称呼等要加以删改等等。

尽管《四库全书》的编撰在一定程度上成为乾隆帝推行钳制思想，实行文化专制的政治手段，从而使得许多具有珍贵史料价值的书籍遭

文溯阁

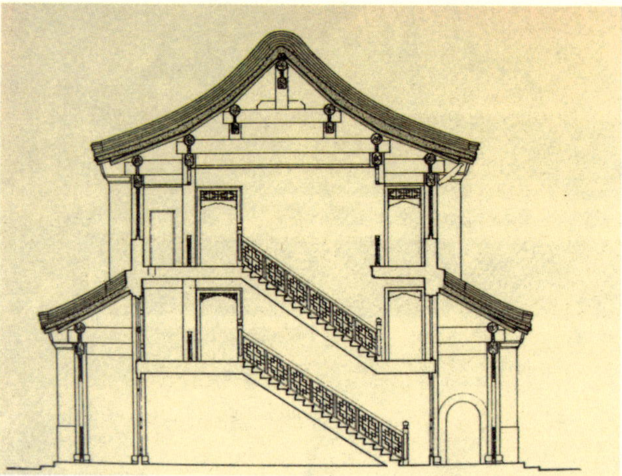

文津阁剖面图

到摒弃、销毁或者篡改，这也成为乾隆朝文化盛事中的美中不足；但这些都不能否定《四库全书》为系统整理、保护古籍和当时的文献档案所做出的巨大贡献。同时，在编纂图书过程中，也培养了一批以乾嘉学派为代表的学术队伍。他们在校勘、注释、考证、辨伪、辑佚，乃

文津阁

文澜阁

至分类学、目录学、版本学诸方面的研究，都取得了显著成就。特别是在哲学、地理、天算、语言文字和文学艺术等方面，涌现出大量对从前学术进行总结性的著作。它们为地方官私书局争相翻刻，广为流传。而且在编修过程中，还进行了分门别类的系统整理和反复校勘、考证，为后世学者研究古代政治、军事、文化、民族、经济、宗教等提供了可贵的资料。

预定六十年退位

乾隆三十七年(1772年)，乾隆帝在计划编纂旷世丛书《四库全书》的同时，还做出了一项事关国家社稷的重大表态，十一月，他召集诸皇子到殿内，首次向他们表示，他决定在85岁时退让皇位。

乾隆帝为什么选择85岁时归政呢？是因为，他自25岁继承皇位到85岁时正好执政60年；而其祖父康熙帝从8岁登基，直至终年69岁病逝，执政期是61年。因此，他不愿意在为帝时间上超过祖父，以此来表示对祖父的尊敬。乾隆帝这种“不敢逾越”的想法，从其登上皇位的初始就有了。当时，他曾焚香告天:“昔皇祖御极六十一年，予不敢相比。若邀穹苍眷佑，至乾隆六十年乙卯，予寿跻八十有五，即当传位皇子，归政退闲。”现在，已做了37年皇帝的他开始逐步履行其诺言。经过一年的深思熟虑，三十八年的冬天，在军机大臣们的见证下，他“手书应立皇子之名，密缄而藏之”。写毕，像他父亲雍正帝当年那样，把书有继承者名字的谕旨密藏在乾清宫“正大光明”匾额后，以免过早暴露反而引发事端。乾隆帝选中的这位未来皇帝，是他的第十五子，时年13岁的永琰。

乾隆帝之所以看重永琰，是因为他原先欲立的由元配皇后富察氏所生的嫡子永琏、永琮均早逝，使他只能从妃嫔所生诸皇子中挑选继承者，这样挑选的范围实际上是扩大了。

乾隆帝总结了历代王朝的教训，最终确立了像他父亲雍正帝那样秘密建储的方式和不立嫡不立长而立贤的建储原则。按照这一原则，乾隆帝在他仅存的四位皇子，既皇八子永璇、皇十一子永瑆、皇十五子永琰、皇十七子永璘中认真挑选，仔细考察，最后选定了永琰。

乐寿堂

永琰在长相上与其父乾隆帝极为相像，高鼻梁、宽额头，眉目间流露着尊贵典雅的不凡气质。不仅如此，他天资聪颖，6岁开始读书，13岁就通五经，明诗文；才思敏捷，写诗作文能援笔立就。此外，乾隆帝还十分欣赏他举止端庄稳重、至诚至孝的品格。

乾隆帝为了顺利实现归政嗣皇帝的目的，做了各种准备工作。首先，在多种场合明确表示自己归政的心迹，如四十三年东巡的路上、五十八年在文华殿内，以及五十九年宣告停止木兰行围活动等。其次，下令修葺宁寿宫区，以作为其传位后颐养天年之所。

宁寿宫区位于紫禁城大内的东北部，始建于明代，占地面积46000多平方米，为前朝后寝式布局，包括皇极殿、宁寿宫、养性殿、乐寿堂、颐和轩等一组殿堂建筑，共有殿座、房屋千余间。历经5年，修葺完成后，乾隆帝挥毫为其主要的殿所乐寿堂写下了“乐在人和，肯寄高闲规宋殿；寿同民庆，为申尊养托潘园”的对联，表达出他要和宋代高宗与明代官僚潘恩相比的心愿，同时，也再一次阐明了他志在闲居归政的决心。

太上皇训政

养心殿西暖阁

随着时间的流逝，60年归政的期限越来越近，乾隆帝反倒惜权恋位之情越来越浓。虽然说继承皇位的不是外人，而是自己的儿子，但也总有一种皇权失落的苦涩萦绕心头。于是，他一方面继续为政权的顺利移交做准备，一方面开始为自己今后“归政仍训政”做铺垫。他常常借一些小事，来暗示自己即使退位也将是国家的最高权力者，如在训斥刑部官员时曾明确指出：“不特朕未归政以前，断不肯任其朦混，即归政以后，朕亦岂肯置天下之事于不问！”

归政仍训政宝

乾隆六十年(1795年)九月初三日，是乾隆帝登基的60周年纪念日。在这个特殊的日子里，乾隆帝的庆贺方式是在紫禁城内养心殿西暖阁召集皇子、皇孙、诸王公大臣，郑重取出当年藏在乾清宫“正大光明”匾后的建储密旨，宣布册立皇十五子永琰为皇太子，命将太子名上的“永”改书“颙”，以示他从此刻起便享有与众不同的至尊地位；本着“母以子贵”的原则，其20年前逝世的生母追封为孝仪皇后；决定次年新正改元嘉庆，举行传位大典。与此同时，乾隆帝下谕旨，称“归政后，凡遇军国大事及用人行政诸大端，岂能置之不问？仍当躬亲指教，嗣皇帝朝夕敬聆训谕，将来知所秉承，不致错失……”，正式表明了今后一切“军国大事”，还要由他说了算的态度。永琰作为“嗣皇帝”只能主持一些日常事务性的工作，或者参加需要消耗大量体力和精力的祭祀、大阅、经筵等礼仪活动。

在清代历史上还从未出现过一朝有两位皇帝同时执政的现象。乾隆帝为了避免混乱，同时，重在维护其至高无上的威严，便有针对性地制订了许多新的条例。如他退位后，新皇帝称嗣皇帝，他要被尊称为太上皇，仍用“朕”字，他颁布的谕旨仍称为“敕旨”；当他亲御宴座，嗣皇帝要侍坐一旁陪候；各级臣僚在题奏行文时，凡遇到太上皇帝、皇帝字样，“太上皇帝”一定要比“皇帝”高一格抬写；他作为太上皇帝的生日节庆称万万寿，嗣皇帝的生日节庆只能称万寿等等。还规定，嘉庆改元后，全国上下按例应统一使用新历，但是在宫中要仍然沿用乾隆年号，因此，当时的同一本《时宪书》，向各省及外藩颁布的是嘉庆元年，而在皇宫内廷，给王公国戚们颁布的则是乾隆六十一年。同时还规定，铸币机构宝泉、宝源二局铸钱，不能全部改铸“嘉庆通宝”，而是“乾隆、嘉庆年号各半分铸”。这些规制，处处显示出作为太上皇的乾隆帝，在礼仪规格和实际权力上都远远超出嗣皇帝之上，也反映出乾隆帝对帝位的眷恋、对皇权的强烈控制欲。

嘉庆元年(1796年)正月初一日，是中国传统的元旦佳节，这一天，由于在太和殿举行了隆重的皇位交接仪式而显得格外有意义，也格外热闹。清晨，天还朦朦亮，卤簿就井然有序地陈设在了太和殿前，步辇摆放在了太和门外，五辂及驯象、仗马、黄盖、云盘等则按规制一列排开于午门外。王公贵戚、文武百官，身着朝袍戴朝珠咸集在一起。蒙古贵族以及朝鲜、暹逻(今泰国)等藩属国使臣也纷纷应邀前来朝贺。钦天监官在乾清门外报吉辰到后，大典便在礼部堂官的引导下正式开始。当85岁的乾隆帝在太和殿将代表最高权力的“皇帝之宝”授予他37岁的儿子颙琰时，庆典达到了高潮，乾隆帝从此也结束了自己长达

太和殿外景

嘉庆帝朝服像

60年之久的皇帝生涯，而成为中国历史上最后一位也是清朝历史上惟一一位太上皇帝。

做了太上皇的乾隆帝退下太和殿后，并没有就此住到他早已自备好了的宁寿宫，安度晚年，而是仍住在当朝皇帝才有资格居住的养心殿，他为自己找的理由是："嗣皇帝初登大宝，用人理政，尚当时加训诲。何忍即移宁寿宫，效宋高之自图安逸耶？"后来又表示他自己住养心殿已60年，因此，不愿迁出这吉祥、安全、熟悉的环境而至陌生之地去安享自己的晚年。这样，嗣皇帝嘉庆只能继续住在毓庆宫内。毓庆宫原是乾隆帝作皇子时所居地，他在此地住了5年，后来因与富察氏结婚而搬至乾西二所。颙琰被立为皇太子后，获赐移居此宫，直至乾隆帝病逝，才离开。

归政后的乾隆帝绝不允许自己的权威受到丝毫的漠视。在授受大典举行不到1个月的时间，发生了一起湖广总督毕沅奏折不按格式书写的事件，令乾隆帝非常愤怒，立即召集嘉庆皇帝及众臣，言："本年传位大典，上年秋间即明降谕旨颁行中外，一切军国事务，朕仍亲理，嗣皇帝敬聆训诲，随同学习。其外省题奏事件，并经军机大臣等奏定款式，通行颁发。毕沅等不遵照办理，是何意见？"进而，乾隆帝又借题发挥："即自嘉庆元年以后，内而部院各衙门，外而督抚大吏，章奏事件，亦皆朕躬综览，随时训示，岂有因授受之典，即自暇自逸，置政事于不问乎！"最后，将毕沅交部议处，加以严罚。

养心殿正殿

毓庆宫外景

毓庆宫门额

在乾隆帝的眼中，传位归政并不意味着最高权力的转移，一切军国大事，仍然要由他来掌握，只是现在执政的方式有所变化，既由原来的亲政变为训政而已。因此，他仍牢牢地控制着官吏的任免升降权、经济权、军事权以及财政权等。

晚年宠信和珅

乾隆帝朝服像

当上了太上皇的乾隆帝毕竟年事已高，既失去了往日的智慧，又不能像从前那样勤政，而是整日陶醉在昔日“得国之正、扩土之广、臣服之普、民庶之安”的文治武功中。他全然看不到，清王朝的光环已在慢慢地失去光彩，清王朝的政权已在走向覆灭，令他骄傲的盛世风华景象，已被官场腐败、土地兼并之风吹得支离破碎，到处是频繁发生的自然灾患，民不聊生的苦难场面，以致不堪阶级、民族压迫的各种反抗风起云涌。当白莲教大起义在湖北枝江、宜都揭竿而起后，各

和珅像

地会众纷纷响应，数月间愤怒的声讨声就响彻了湖北、四川、陕西、河南、甘肃五省。

晚年的乾隆帝还看不到他身边最信任的人和珅，实际上是其帝国大厦的掘墓人。和珅(1750 － 1799 年)姓钮祜禄氏，字致斋，满洲正红旗人。其高祖尼雅哈纳曾因军功赐巴图鲁，授三等轻车都尉世职。因此，当乾隆帝扩大招收八旗子弟入咸安宫官学读书时，10 岁左右的和珅就与弟弟和琳一道被选送入咸安宫官学就读。在这里，他们以乾隆帝所倡导的“国语骑射”为宗旨，主要学习满汉蒙古语文以及经史等典籍，还要学习骑马射箭以及火器的使用等军事技艺。

和珅仪度俊雅，善于随机应变，很快就成为咸安宫官学中的佼佼者。18 岁时被内务府大臣、户部侍郎英廉看中，做了他的孙女婿。婚后不久，承袭了三等轻车都尉世职。23 岁时被授予三等侍卫，挑补黏竿处。由此，他有机会在皇帝周围随侍。一天，乾隆帝奉皇太后东巡祭孔庙，见轿边随侍的年轻人和珅，面相富态，举止大方，动作机敏，很是讨人喜欢。于是，随意与他搭话相问，和珅奏对称旨，深得乾隆帝欢心。

从此，在乾隆帝的一手提拔下，和珅平步青云成为官场中显赫人物，25岁时就官至户部左侍郎，兼署吏部右侍郎以及步军统领等高职，并被任命为军机大臣，成为参与军国大政的核心人物之一。30岁时被授予御前大臣，补镶蓝旗满洲都统。40岁时被任命为文华殿大学士，官居一品。至此，和珅所兼职务，几乎遍及行政、文化、军事和京师治安等各个方面。他在短短的十几年时间里，就走到了人臣的最高官位，成为清代政治史上的一个奇迹。

和珅的奇迹是怎样创造的呢？民间传说很多，一说是乾隆帝为皇子时曾经戏弄过一位妃子，后来，事情败露，妃子被赐死，这令乾隆帝颇感内疚和不安。后来遇到和珅，见其不仅长得与这位妃子非常相像，而且身上长的红痣都与妃子所长的部位和大小相同。这不禁令乾隆帝怀疑和珅是此妃的转世再生，于是对他有着超乎寻常的宠爱。

二说见于陈康祺《郎潜纪闻》：一天，有人向乾隆帝奏报，说有一要犯逃跑了。乾隆帝听后很是气愤，随口“诵《论语》‘虎兕出于柙’之语”，周围的文武大臣都没听明白，互相询问乾隆帝所说的意思。这时名不见经传的和珅站出来，道：皇上的意思是说，看守的人是不能逃脱责任的。乾隆帝一听，知道和珅能够准确地解释他的意思，肯定是熟读过《论语》，一问果不其然，爱才如命的乾隆帝于是对和珅另眼看待，接着又询问了和珅几个问题，和珅均应答称旨，从此后，乾隆帝将和珅留在自己的身边，对他隆恩有加。

其实和珅得宠的关键，主要在于他为人机敏，善于察言观色，能投其所好地逢迎乾隆帝的意趣，如知道乾隆帝十分看重自己的七十、八十大寿，便不顾日渐亏损的国库，进行大操大办，这反而使得乾隆帝对其办事能力倍加赞赏。

乾隆帝对和珅的宠信不光体现在无原则、无休止地给他加官晋爵，还表现在其他方面。如对和珅的偏袒庇护，同样毫无原则。乾隆五十一年(1786年)六月陕西道监察御史曹锡宝上疏乾隆帝，说和珅的家仆刘全(名秃儿)的住房及服饰、家用品很是华美，要求调查其是否有借和珅之势贪赃枉法的行径。其实，曹锡宝醉翁之意不在酒，是想通过这件事来弹劾和珅。对此，精明的和珅与乾隆彼此深知。于是，和珅在乾隆帝面前竭力为刘全辩护。乾隆帝则听信和珅一面之词，不但不深查刘全与和珅，反而令大臣们详细盘查曹锡宝的底细。在乾隆帝的袒护下，曹锡宝由原告变成了被告，刘全倒逍遥法外了。乾隆帝进而指出，刘全代和珅办理税务多年，他稍有点积蓄，建造十几间房屋，也是正常的。又说，现在任职的那些内外旗员大臣如阿桂、福隆安、金简等人，其家仆的房舍建造间数、豪华程度估计也与刘全的差不多，意思是没有必要单揪刘全。

不过，乾隆帝为了显示自己的公正，还是决定让绵恩带领步军统领衙门司官一员，陪曹锡宝到刘全家及阿桂等大臣的家仆处瞧一瞧、比一比，如果刘全家的住房的确是超出标准的高楼大厦，则严加处置；如果它只是像一般百姓的住宅一样，只是略显整齐漂亮，那么就没有必要治罪了。乾隆帝在处理刘全的事件上为了保护和珅而始终没有让他回避，这样，和珅为了保全自己，保护刘全，私下早已让刘全将高屋明堂拆除，华丽的车马、服饰等藏了起来。曹锡宝见到的只是一些简易的房舍，他只能自认上疏不实，最后，落得个革职留任的下场，不几年便忧闷而逝。事实上，刘全仰仗和珅之势，四处招摇撞骗，嘉庆

和珅府花园湖心亭旧址

年被抄家产，竟得资产合20多万两银，曹锡宝状告之词，完全属实。

在日常生活的交往上，乾隆帝与和珅之间也已到了亲密无间的程度。四十五年，乾隆帝应和珅之请，赐其长子名丰绅殷德，“丰绅”满语是福泽的意思，并且将自己最小的女儿固伦和孝公主许配给了丰绅殷德，与和珅结为亲家。固伦和孝公主是乾隆帝65岁时与珅妃汪氏所生。她聪明乖巧，从清秀的长相到坚韧的性格，都与乾隆帝极其相似。因此，早已是儿孙满堂的乾隆帝，对此女仍然是疼爱有加，视其为掌上明珠，13岁时就破格封她为“固伦公主”。在清朝的典制中，只有皇后所生女才能被封为“固伦公主”，“固伦”满语是“国”的意思。它的等级与亲王相同。第十公主作为妃子所生，至多只能封为“和硕公主”，其级别与郡王相同。但是，一向严守典制的乾隆帝由于爱，已丧失了原则。

爱屋及乌的缘故，乾隆帝对公主母汪氏也网开一面。当恃宠骄横的汪氏为一点小事，盛怒之下令人将一宫女杖责殴毙时，乾隆帝十分恼怒，按照家规王法将她由妃降为嫔，并且让她拿出100两银子抚慰死者家属，言："事关人命，其得罪本属不轻，第念其曾育公主，故量从末减耳。"但是，仅两年就又恢复了她妃的身分。

惇妃像

年迈的乾隆帝曾看着这活泼可爱的小女儿，感叹到："汝若为皇子，朕必立汝储也。"也就是说，她如果是男孩子，作为父亲的他愿意把帝位传给她。由此可见乾隆帝对小女儿的喜爱程度不同一般，他为女儿选中丰绅殷德，显然是对和珅的高度信任。此后，在乾隆帝的肯同下，其孙子即皇六子永瑢的儿子绵庆娶了和珅弟弟和琳的女儿为妻、康熙帝的玄孙贝勒永鋆娶了和珅的女儿为福晋，在信任的基础上，皇室与和珅通过婚姻而加强了密切的联系。

平日里，乾隆帝还常常放下帝王的架子，与和珅无君臣之别、地位尊卑之分，相互间无拘束地往来。一日，乾隆帝带着固伦和孝公主和和珅在同乐园的买卖街转悠，见有人在卖红色的夹衣，乾隆帝便开玩笑地对小公主说：你可以向你的丈人索要。和珅一听，连忙掏出"二十八金"，把这件红夹衣买下送与小公主。这时的公主还未嫁给和珅做儿媳，乾隆帝便与和珅开这种很随意的玩笑，可见他与和珅早已因关系的亲密而无有君臣间的礼数之分了。

乾隆帝对和珅多方面的关照，令和珅是有恃无恐。他掌握吏部、户部以及军务大权，施行顺我者昌、逆我者亡的政策，对于不依附于己者，就在不明真相的乾隆帝面前进谗言加以陷害。他还遍置私党，在身边网络了一批贪官污吏，将自己的党羽吴省兰、李潢、李光云等都安插在部院侍郎等要职。他们招权纳贿，营私舞弊，令乾隆朝后期吏治腐败，危机四伏。

和珅当首席军机大臣阿桂病逝，由他来主持军机处后，擅自决定，今后各部院衙门及各直省督抚给皇帝的奏折，必须另外缮写一份，封送到军机处，由他过目，显然，他已把自己摆在了与皇帝平起平坐的位置。甚至，他借口腿脚有毛病，行走不便，而让乾隆帝特准他可以骑马直接进皇宫左门，过正大光明殿；或者是“乘坐大椅轿抬入大门，肩舆出入神武门”，享受只有皇帝才能拥有的特权待遇。更有甚者，他公然截留各地敬献给皇帝的贡品，“四方进贡之物，上者悉入珅第，次者始入宫也”。

鉴于曹锡宝事件，许多正直的人都不敢再站出来与和珅相抗衡，就连嘉庆帝见到和珅也要尽量避其三分，遇事上奏太上皇，常托和珅代言，表现出对和珅的极度信任。嘉庆帝为了讨好也为了麻痹和珅，常表示自己以后执政还要有赖于和珅的扶持，这令骄横跋扈的和珅很是高兴，认为自己仍将是前途无量。其实嘉庆帝早就对他恨之入骨了。

嘉庆四年(1799年)正月初三日上午，乾隆帝不情愿地永远合上了双眼，89岁的他带着没能如愿举行九旬万寿庆典的遗憾，带着企盼镇压白莲教起义获胜的焦虑心情，与世长辞在他执政的中心——紫禁城养心殿内。

就在乾隆帝逝世的当天，嘉庆帝办的第一件大事，就是以任命和珅与成亲王永瑆、大学士王杰、尚书福长安等负责办理丧事的名义，将和珅软禁了起来，令他与福长安“昼夜守直殡殿，不得任其出入”，借机剥夺了和珅的军机大臣、九门提督之职。当月初八日，嘉庆帝命两位皇兄仪亲王永璇、成亲王永瑆，在勇士阿兰保的仗剑陪同下，逮捕了和珅及其追随者福长安，将他们革职下狱。这之后开始广泛网罗和珅的种种罪行，当月十五日，宣布和珅20条大罪，罪罪该斩。嘉庆帝起初要将他凌迟处死，以解长期以来的心头之恨，但是由于皇妹固伦和孝公主再三为公公和珅求情，加上军机大臣董诰、刘墉的劝阻，最后决定赐和珅狱中自尽。十八日，和珅手捧令他自尽的白绸带，感叹一世荣华即将结束的悲哀，在凄凉的监所上吊身亡。事后，嘉庆帝下令抄查和珅家产“累至数十百万”，由此，和珅又赢得了旷世第一贪的罪名。

十全老人的武功之盛

平定准噶尔

乾隆朝作为我国多民族国家最后完成民族融合，版图确立的一朝，也是我国封建社会发展到末期，转入急剧衰落的一朝。在这样一个时代里，肯定不会仅发生西师用兵的平准战役，而是必会出现大小性质不同的各种战事。

乾隆帝所说自己平生“凡举两大事，一曰西师，一曰南巡”中的“西师”，即指对西部边陲准噶尔部的用兵。准噶尔部是我国厄鲁特蒙古的一部分，在政治、经济、文化上与内地长期有着十分密切的关系。清政府对准噶尔部的战事，早在康熙年间就开始了，其后又经历了雍正朝的征战，至乾隆朝实际上已进入尾声。

《万树园赐宴图》（局部） 坐在辇上的是时年44岁的乾隆帝

《马术图》（局部）
乾隆帝骑花马位于由王公大臣组成的锥形队列的前端

乾隆十年(1745年)九月，准噶尔部首领噶尔丹策零去世，引起准部汗位之争。乾隆十五年，喇嘛达尔扎成为准部最高统治者。但达尔扎不为众所服，准部另一头人达瓦齐与辉特部台吉阿睦尔撒纳结成反达尔扎同盟，并在阿睦尔撒纳的支持下，成为准噶尔汗国最后的一位汗王。但达瓦齐继汗位后，未能制止住准噶尔部诸台吉间的互相争斗。不久，达瓦齐与阿睦尔撒纳因利益冲突也化友为敌。自从准噶尔部内乱以来，已陆续有蒙古台吉率众归附清廷，如准部台吉萨勒尔及杜尔

《马术图》 图绘乾隆帝在避暑山庄招待阿睦尔撒纳等人观看马术表演的场景

伯特部台吉"三车凌"都先后向清廷俯首称臣。乾隆帝谕令宫廷画家创作的《万树园赐宴图》表现了乾隆帝在承德避暑山庄的万树园，举行隆重的招待宴会，接见"三车凌"的场景。在这次宴会上，乾隆帝分别册封他们为亲王、郡王、贝勒等爵位，并且赏赐给他们大量的金银、玉器、瓷器、绢帛等物品。乾隆十九年七月，阿睦尔撒纳等率所部两万人也向清廷投诚。乾隆帝大喜过望，在当年的十一月十五日于避暑山庄举行盛大的欢迎仪式后，又招待阿睦尔撒纳等人观看了精彩的马术表演，并令郎世宁等宫廷画家依此绘制出《马术图》，对这一重要的场合用画笔做了最为形象的记录。乾隆帝面对准部激烈的内部斗争，认为此时正是勘定西北边陲的大好良机。

乾隆十九年十月，乾隆帝亲拟诏书宣示准部，措辞冠冕堂皇，软硬兼施，阐明了出兵准部的原因和目的。十一月，命班第为定北将军，阿睦尔撒纳为定边左副将军，由他们率北路大军于乾隆二十年二月十五日，从乌里雅苏台启程出击；又命永常为定西将军，萨喇尔为定边右副将军，由他们率西路大军于二月下旬启程。两路大军共5万人，战

《平定伊犁回部战图册·伊犁受降》（局部）

《平定伊犁回部战图册 · 格登鄂拉斫营》

马7万匹，直驱准部腹地。五月初一，两路大军在伊犁东北处的博罗塔拉河谷胜利会师，受到了当地民众的夹道欢迎(见《平定伊犁回部战图册·伊犁受降》)。达瓦齐军心涣散，纷纷投降，仅剩残部万余人，不得已退守格登山，又遭重创(见《平定伊犁回部战图册·格登鄂拉斫营》)。达瓦齐只好翻越奎鲁克岭，败走回疆，结果受回部首领霍集斯诱骗被俘，于是年十月十七日被押至京城。乾隆帝亲自在午门主持献俘礼，不但没有处罚达瓦齐，反而特赦了他，并且封他为亲王，还许配给他皇室之女，让他留住京城。此举充分展示出乾隆帝怀柔远人的用心，也利于团结更多的少数民族。

乾隆帝鉴于准部长期以来常与清廷抗衡，便在平定达瓦齐叛乱之后，对准部“众建而分其力”，重建厄鲁特四部的统治秩序，实行封爵和盟旗制度，并派驻边大臣处理军务。

乾隆帝意欲在准噶尔地区加强清廷统治力度的举措，与阿眭尔撒纳意欲统辖准噶尔部全境的愿望相违背。乾隆二十年八月，阿睦尔撒

达瓦齐像

由达瓦齐头戴官帽，着朝袍，挂朝珠可知，图为达瓦齐被封亲王后的画像

纳应召赴热河觐见乾隆帝，行至乌隆古，留下清廷所颁“定边左副将军”印叛逃。其行为重新引起准噶尔部地区的骚动，许多不甘失败的准部台吉闻风附和，与进入准部的清军交战。准部得而复失，令乾隆帝大为震怒，立即部署兵马攻打阿睦尔撒纳军，第二次平定准噶尔战役由此爆发。此次发兵仍分西、北两路军。二十一年正月，参赞大臣玉保在领西路军追杀阿睦尔撒纳时，中金蝉脱壳计，阿睦尔撒纳从被围的特克勒河附近逃往哈萨克。此时已受册封的准噶尔部绰罗斯汗、杜尔伯特汗、辉特汗皆因家眷被留在热河，成为变相的人质而对清廷不满，借阿睦尔撒纳叛乱之机也相继起兵反清。阿睦尔撒纳看到各地台吉纷纷构乱，遂从哈萨克出山，与他们会盟。二十一年冬，清军定边右副将军兆惠率500人自伊犁向巴里坤转战，行至鄂垒扎拉图与阿睦尔撒纳叛军相遇。面对敌众我寡的不利局面，兆惠领兵乘夜偷袭敌营，歼灭叛军1000多人，取得了以少胜多的胜利。二十二年春，屡战

屡败的阿睦尔撒纳叛军渡过伊犁河向北逃窜，定边右副将军兆惠等人率军急追。三月十五日夜，清军进入库陇癸山口，叛军昂克图塔尔巴率部众据险抵抗，令清军难以强攻取胜。第二天，清军80余名官兵乘弥漫的晨雾掩护，直破敌营。阿睦尔撒纳叛军死伤过半，元气大损。

来自各方的叛乱者间并无统一的领导，内讧频起，加上各地瘟疫开始流行，乾隆帝又不断加大打击力度，阿睦尔撒纳不得已逃至俄罗斯，一年后患瘟疫而亡。清廷第二次平定准噶尔战役也就此结束。

早在乾隆二十年正月，军机处就遵旨拟定了西北地区善后若干事宜，围绕“以准制准”、“众建而分其力”的原则，提出7条大纲。战后，便在准部引进内地郡县政治体制，迁移人口，大兴屯田，驻兵换防。二十七年，又设置伊犁将军府以加强统治，开创了清朝统治边疆地区的新局面。

清廷两次平准战争对恢复国家统一，维护西北边防的安定有着重大的意义。但是，由于采取的是残酷的战争手段，使得强盛一时的准噶尔汗部基本被消灭，卫拉特蒙古民族也遭到了严重的削弱。

《平定伊犁回部战图册·鄂垒扎拉图之战》（局部）
清军跃马扬鞭杀到时，睡梦中的叛军仓皇出逃

统一回疆

乾隆五十七年(1792年)十月初，82岁高龄的乾隆帝在接受廓尔喀投降、进表纳贡后，写下了《御制十全记》。文中总结了他执政期间十场著名的战事，按他自己的话讲，除两次平定准噶尔外、还有一次平“回部”，两次扫荡金川，一次安定台湾及降服缅甸、安南(今越南)各一次、两度反击廓尔喀，合为“十全武功”，因此，他自取别号“十全老人”。

平“回部”战役发生在今日的新疆地区。十七世纪初，在新疆塔里木盆地周围，形成了一个以维吾尔人为主的，信奉伊斯兰教的封建部落，清人称该地为“回疆”，称该民族为“回部”。当时“回部”有大、小和卓木两位首领，大和卓木布拉呢敦和小和卓木霍集占是兄弟俩，原辖叶尔羌、喀什噶尔一带。在准噶尔首领策安阿拉布坦出兵征服南疆时，他们被作为人质挟至伊犁，受尽屈辱与折磨。乾隆二十年四月，清军在击败准噶尔部达瓦齐时，将二人解救出来，并让他们管理伊犁、叶尔羌地区的回部事务。

刚从准噶尔部管辖下解脱出来的大小和卓木，却并不甘心清廷的统治，他们依附阿睦尔撒纳一同反清。乾隆二十二年五月，小和卓木霍集占杀害了奉旨前去招抚他们的清军副都统阿敏道及其随从100余人，成为乾隆帝发兵平定回部的直接诱因。

乾隆二十三年正月二十六日，乾隆帝命参赞大臣雅尔哈善为靖逆将军率军征讨回疆。文人出身的雅尔哈善未能胜任主帅之职，围攻进入回疆的要路库车三个月，竟束手无策，让大小和卓木轻易出逃。乾隆帝下令更换主帅，令定边将军兆惠从伊犁前往回部参加讨伐，并以富德、阿里衮等人协办军务。与此同时，与回部相邻的布鲁特部不愿屈服于大小和卓木，而是派出使臣求见乾隆帝。宫廷画家郎世宁、方琮创作的《丛薄行诗意图》，真实地刻画了当年九月初三日，布鲁特使臣来到了木兰围场，向正在那里围猎的乾隆帝称臣的情景。他们一行8人并排站着，观索伦侍卫贝多尔向乾隆帝献幼虎的壮举。

二十三年十月初，兆惠统领4000余官兵攻打小和卓木霍集占所在

《丛薄行诗意图》

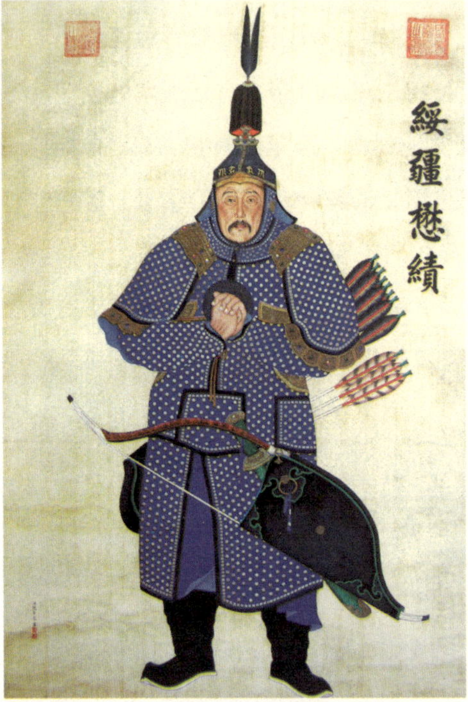

兆惠像

的叶尔羌城，他们在城东，名黑水河处扎营与回军对峙。双方兵力因过于悬殊，清军被回部叛军围困，难以解脱。定边右副将军富德于十一月初十日，遂派副都统鄂博什、玛常等率兵千余名前去救援。几经奋战方解黑水营之围。

二十四年(1759年)六月底，富德、明瑞、阿里衮三军会合一处，从中挑选精兵强将4000人，追杀大小和卓木叛军。七月初七日，清军追赶到阿尔楚尔山，小和卓木霍集占将6000名精锐士卒埋伏在山口，以疲弱士兵引诱清军进入其包围

《平定伊犁回部战图册 · 黑水解围》

《平定伊犁回部战图册·阿尔楚尔》（局部）

圈。清军对此早有防备，他们分左、中、右三翼向前挺进，并有骑兵、援兵往来接应。此役大败回军，歼敌1000余人，缴获枪炮、牲口等无数。

继阿尔楚尔一役取得大捷后，清军乘胜追击。七月初十日，富德统兵追至拨达山界伊西洱库尔淖尔处，与和卓木统领的万余回军展开激战。在清军的猛攻威力及归顺的回人喊话招降下，回部军心动摇，丢盔弃甲四散奔逃。清军共捕降人12000余名，缴获军械2000余件，驼马牛羊1万余只。大小和卓木只带家眷及随从四五百人逃出重围，直奔拔达山。

拔达山是回部较大的聚集地。当两和卓落魄逃至此后，乾隆帝立即敕谕拔达山汗素勒坦沙，劝其将霍集占兄弟俘馘以献。素勒坦沙对投奔至此的大小和卓木本存有戒心，面对清军大兵压境的威力，他顺势将大小和卓木捕获，并将二人斩杀。大和卓木布拉呢敦的尸首为其亲信夺走，素勒坦沙遂提着小和卓木霍集占的首级来到山脚下兆惠的军营请功。平回战役宣告结束。

清军平定大小和卓木叛乱后，在设官、定职、征粮、铸钱以及征兵等方面，采取了一系列的善后措施，对于稳定社会秩序，发展经济，巩固边疆统治起到积极的作用。

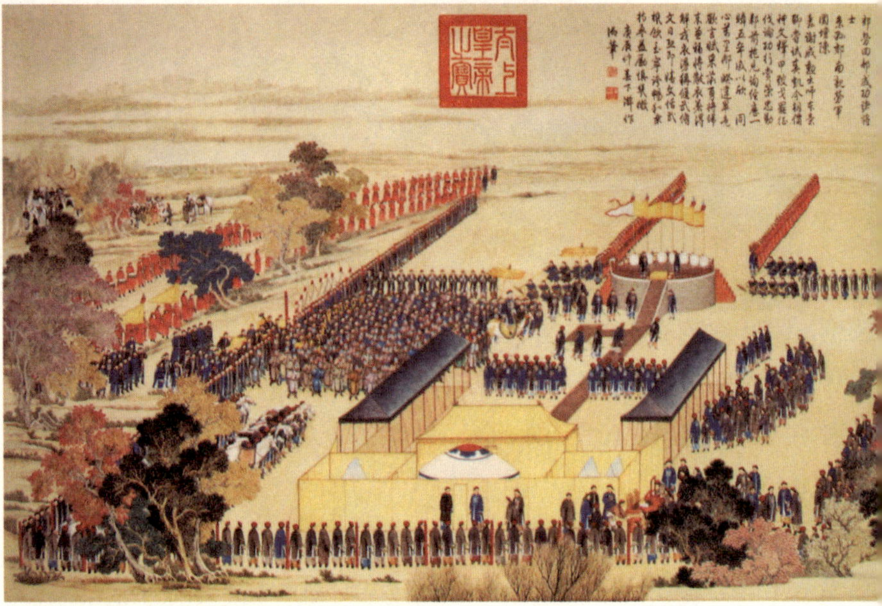

《平定伊犁回部战图册 · 郊劳回部成功诸将士》
图绘49岁的乾隆帝骑于马上迎接凯旋将士的场景

两征金川

大金川人像

乾隆年间在西南地区也发生过多起战争，如平定大小金川，与缅甸、安南、廓尔喀等国交战等。这其中有的是解决边境纠纷或驱逐入侵者，也有的是为宣扬国威或派兵平定土司间的争斗。

两次扫荡金川战役，是乾隆朝最为艰苦的防御战。金川位于四川金沙江流域，是以藏族为主的少数民族聚居地。清廷在此实施土司制度，由四川总督及下设官员对该地进行管辖。各土司间为争夺人口、土地、财富常起战争，乾隆帝不得不两次出兵讨伐挑起战乱的大小金川。

乾隆十二年(1747年)，势力强大的大金川土司莎罗奔出兵攻掠小金川，并杀伤驻守在那里的清兵。乾隆帝闻讯后，认为大金川的举动虽属边区土府之争，但有损于天朝威严，于是令四川巡抚纪山前去镇压，不想清军反被金川人击败。于是乾隆帝改由云贵总督张广泗、大

阿桂像

学士讷亲督军讨伐，这次清军疲师半载，仍劳而无功。第二年乾隆帝命大学士傅恒，统领八旗劲旅，继续征讨大金川。为了鼓舞士气，重振军威，乾隆帝痛杀败将张广泗，并令讷亲自杀。

金川土司面对清军强大的攻势，自感难以抗衡。十三年十一月七日，金川头人得什阿朗赴清军统领岳钟琪营中求降。十四年正月十二日，金川藏人又具书求降。乾隆帝考虑到清军在此番战役中已死伤5000余官兵，耗费近3000万两军费，损失过大，于是顺势命傅恒收兵停战，批准了对四川总督策楞奏“善后事宜十二条”的议复，解除了各地土司被大金川侵吞的威胁。自乾隆十四年至三十五年(1749－1770年)间，川西南地区进入一个相对安宁的时期，保证了川藏、川青等地交通的畅达。

但是，22年后，土司内部又争斗四起，相互吞并、残杀事件时有发生。终于在乾隆三十六年，大小金川土司联合进攻革布什咱、鄂克什等小土司，并与赴援鄂克什的清军交战。面对大小金川的复叛，乾隆帝于当年七月初十日，又发兵进川，以阻止两金川进攻，保护众小土司的利益。金川兵以壕沟、石碉堡设防顽强抵抗，令清军作战倍感艰难。两年间，7万清军损兵折将，局面却毫无改善。面对清军屡屡失利，乾隆帝不得不重新排兵布将，任命阿桂为定西将军，增调健锐营、火器营，于三十八年十月分三路大军，先攻克小金川，转而进行碉堡争夺战。四十年七月，阿桂亲自统兵连破昆色及拉枯喇嘛寺，一

《平定金川战图册·攻克昆色、拉枯喇嘛》（局部）

步步地逼近大金川重要根据地勒乌围。乘胜追击的清军于当年的十二月攻下了大金川的最后据点噶喇依官寨，这场胜利迫使大金川土司索诺木于四十一年二月，跪捧印信，带领2000余人出寨投降，大小金川最终得以平定。

平定两金川后，清廷对该地区采取了一系列整治措施，实行雍正以来的“改土归流”政策，在小金川设美诺厅，大金川设阿尔古厅。乾隆四十四年，又将阿尔古厅并入美诺，改名为懋功厅。同时在该地区设镇安营，派兵驻防。从而消除了以往土司之间的攻杀掳掠，并为促进与内地的经济文化交流创造了条件。

《平定金川战图册·攻克噶喇依》（局部）

镇压林爽文起义

林爽文"顺天大盟主印"

乾隆帝主持的十大战役中，只有平定台湾林爽文的战事是遣兵渡海之战。乾隆朝，台湾的居民除土著高山族外，有许多是从大陆福建漳州、泉州，广东潮州等沿海县移入的汉族。大陆移民以乡谊为纽带，聚族而居，形成了闽籍、粤籍、漳州籍、泉州籍等不同的社会集团。此外，以信仰为纽带的民间秘密社团也不断涌现，有天地会、铁鞭会、小刀会、一钱会、父母会等，各乡籍、社团间常为各自的利益发生械斗。

乾隆五十一年(1786年)七月，诸罗(今属嘉义)县捐贡杨光勋及其弟监生杨功宽因争夺财产而引发争斗。在天地会的支持下，杨光勋颇占上风。不服输的杨功宽便另立雷公会，与之抗衡。随着事态的扩大，台湾镇总兵柴大纪统兵出面干预，清兵不仅搜捕天地会员，而且以焚烧他们居住的村庄相威胁。为了社团的利益，也为了反抗清廷驻台腐败的吏治，福建籍的天地会首领林爽文(1757－1788年)在彰化、诸罗地区率众起义。

驻守台湾的清军营伍废驰，不堪一击。林爽文义军连克彰化、诸罗、淡水(今属新竹)诸城。乾隆五十一年十一月下旬，林爽文于彰化建立大盟主府，自称盟主大元帅，建元天运(后改顺天)，改乾隆五十一年为天运丙午年。受其节节胜利的鼓舞，各地天地会众纷纷响应。林爽文的挚友庄大田在台南起义，自称南路辅国大元帅，与林爽文协同作战，连连告捷。

面对如火如荼的农民起义，乾隆帝命闽浙总督常青赴台统领全军，同时调派福建满洲兵1000名，闽、粤兵6000名，广东潮州、碣石二镇兵4000名前往援台。同年七月，又派广东、浙江、福建等地11000

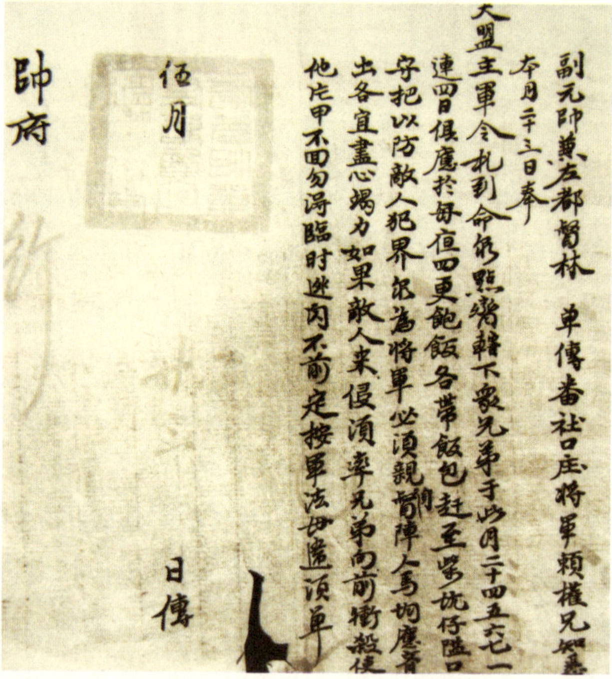
副元帥兼左都督林　串傳番社口庄將軍賴權兄知悉
本月二十三日奉
大盟主軍令札到命仍照管轄下衆兄弟于此月二十四五六七一
連四日俱應於每夜四更飽飯各帶飯包赶至崁坑仔隘口
守把以防敵人犯界仍為將軍必須親督陣人馬均應齊
出各宜盡心竭力如果敵人來侵須率兄弟向前衝殺使
他片甲不回勿得臨時逃肉不前定按軍法毋違須單
伍月　日傳
帥府

林爽文起义军军令

名官兵赴台。同时命钦差大臣福康安督办军务。

清军在有勇有谋的福康安指挥下，仰仗与天地会敌对的台湾各地“义民乡勇”的密切配合，终于扭转了处处被动挨打的局面，逐渐将义军占领的大埔林、斗六门、集集埔、枋寮等要地一一收复。在清军水

《平定台湾战图册 · 大埔林战役》（局部）

路、陆路的合击下，林爽文及其弟林跃兴、将领何有志投奔昔日好友高振。高振迫于清军的压力，率家丁将林爽文等人捕获，并于五十三年正月初五日，将他们献给了清军。接着，福康安于当月十四日，遣

《平定台湾战图册 · 林爽文被捕》

兵进攻庄大田义军，经大武垅、南潭、大目降等战役，庄大田义军损失惨重。同年二月初五日，潜匿于丛林山沟中的庄大田被清军捉拿。至此清廷取得了镇压林爽文起义的全面胜利。

当福康安统兵凯旋返回大陆后，乾隆帝立即在避暑山庄内大摆庆功宴，令宫中戏班在山庄的清音阁大戏楼演吉祥戏，款待平台有功的福康安、海兰察等将领。

镇压起义后，乾隆帝有针对性地采取了一些措施，特别是批准了福康安上奏的《清查台湾积弊酌筹善后事宜》章程16条，以严明台湾吏治、加强管理。从此，清廷对台湾的统治进入了一个新的阶段。

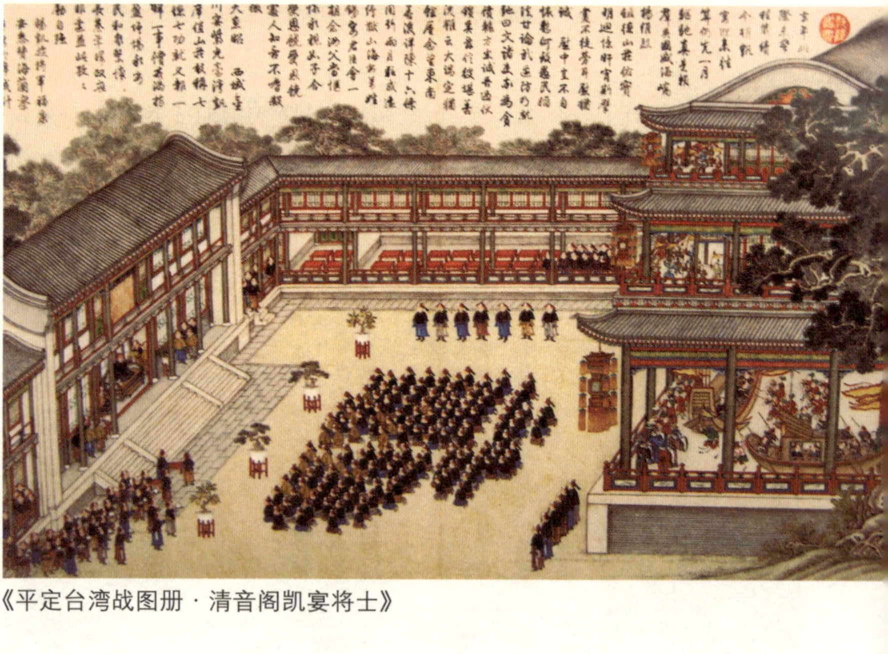

《平定台湾战图册 · 清音阁凯宴将士》

出兵安南

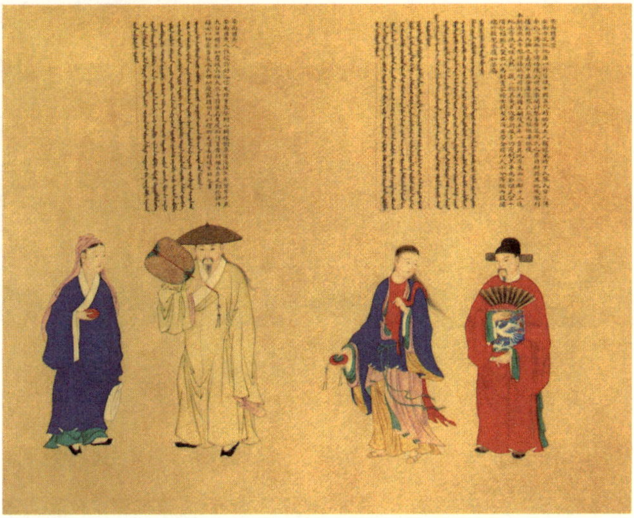

《皇清职贡图 · 安南人形象》

乾隆帝出兵安南（越南），缘于18世纪后半期，安南内部因政权更迭战乱四起。归仁府的阮文岳、阮惠(后改名阮光平)兄弟发动西山起义，征战十余年，打败黎氏王朝，国王黎维祁被迫出走。乾隆五十三年(1788年)，安南国王之母亲及妻子向清廷求援，乾隆帝鉴于自康熙五年(1666年)，清廷册封大越王黎维禧为安南国王始，黎氏王朝守藩奉贡甚勤，对清廷十分恭顺。因此，决定出兵帮助黎氏打败阮惠军，恢复其在安南的统治。

乾隆五十三年十月，乾隆帝令两广总督孙毅士统兵10000人作为正师出镇南关入安南，又命云贵总督富纲派兵8000人，交云南提督乌大经率领，作为偏师，由云南出发进入安南地界。

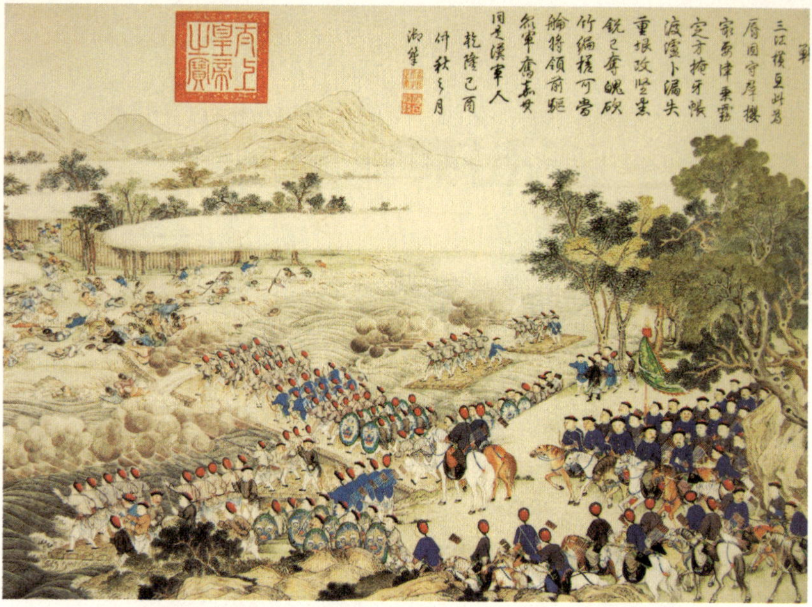

《平定安南战图册 · 寿昌江之战》（局部）

清军与阮惠交战的第一场重要战役是“寿昌江之战”。当年的十一月十三日清晨，清军总兵尚维屏、副将庆成率领广西兵1000余名，抵达浓雾弥漫的寿昌江。阮惠为阻止清军过江，事先砍断了江上的浮桥，清军只得砍竹编筏，冒着江吞水淹的危险，渡至对岸与阮军交战并获全胜。

清军继寿昌江大捷后，群情振奋。他们来到三异柱右，以枪击炮轰，箭射刀劈，杀得阮军无处可逃。此役共斩杀阮军数百名，生擒100余名，获得了全胜战绩。

三异柱右之战后，清军挺进阮军严于防守的市球江。市球江江面宽阔，阮军位于地势高的南岸，据险列炮，防守坚固。清军一时无法结筏横渡。交战中清军将士死伤数人。广西提督许世亨见此情景，令士兵垒土筑墙，尽力强攻。双方排列炮位，隔江对击。为破敌营，孙士毅决定以声东击西法，命义勇兵假装搬运竹木搭盖浮桥，作欲渡江之势，同时命总兵张朝龙领兵2000于夜半时分，用竹筏及农家小船陆续暗渡。接着，清军发起总攻，阮军被杀，积尸江岸或漂流至江面者达千人以上，生擒500余名，夺大炮34尊。

《平定安南战图册·三异柱右之战》（局部）

清军连战连捷，先后攻占了安南宣光、兴化等处，很快便拥立黎维祁重新承袭了王位。但是孙士毅急于俘获阮惠邀功，他没在大功告成之际撤兵，又疏于防范，结果次年在清兵欢度年节时，遭到阮惠军的大举反攻。清兵仓皇应战，损兵折将，黎城得而复失。乾隆帝遂命福康安为两广总督，驰赴镇南关办理善后事宜。

《平定安南战图册·市球江之战》（局部）

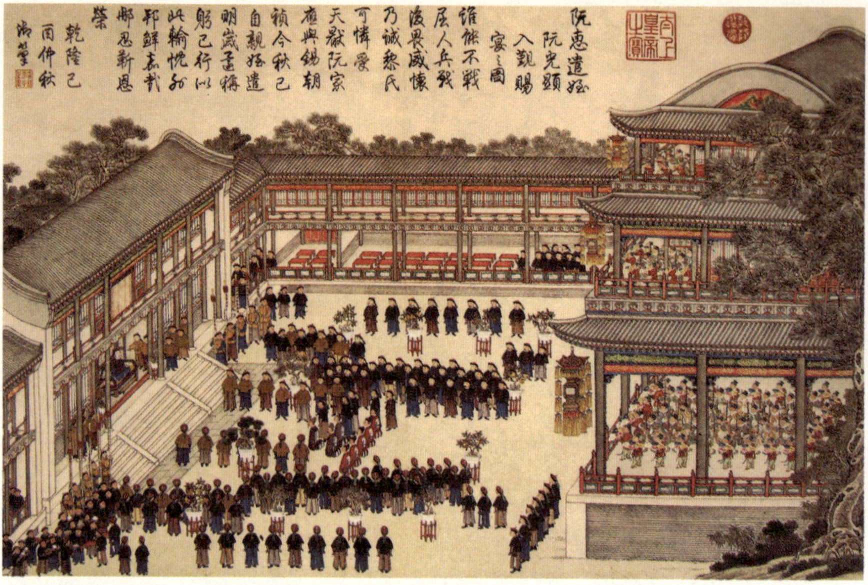

《平定安南战图册 · 阮惠遣侄阮光显入觐赐宴图》

阮惠虽然击溃清军，攻占黎城，灭了黎朝，但他深知政权建立初期，人心尚未归服，要想稳定秩序，加强统治，必须仰仗清廷的力量，经过清王朝的承认与册封，正定名分，才能取得合法的地位。阮惠为了转变清廷“扶黎灭阮”的政策，不断采取各种措施，谋求改善与清朝的关系。数月之内多次遣使臣奉表入关，恳求清廷的谅解，乞求允许他们向清廷纳贡通商，当然也乞盼他能被清廷册封为安南国王。面对阮惠执著的举动和安南的政局，乾隆帝经过慎重考虑，终于决定改变对安南的政策，由扶黎灭阮，改为扶阮灭黎。

在清朝的扶持下，阮惠终于登上了安南国王的王位。乾隆五十五年三月，阮惠派遣阮光显自义安动身，赴承德热河觐见乾隆帝。随行的有阮光垂及吴文楚、邓文真等150人。同年七月十一日，乾隆帝在承德的卷阿胜境热情地接见了他们，两国间的友谊得以进一步地发展，相互间贸易往来日趋频繁。

抗击廓尔喀入侵

在乾隆帝平定台湾林爽文起义即将结束的时候，中国的西藏边境却被廓尔喀所侵占，于是，引发了乾隆帝晚年指挥的最后一场军事大战，即抗击廓尔喀入侵之战。

廓尔喀地处我国西藏的西南，其疆土与西藏犬牙交错，两地民众间有着频繁的商业贸易往来。乾隆五十三年(1788年)，寓居廓尔喀的六世班禅之弟、红教活佛沙玛尔巴因受黄教排挤，便唆使急于恃强扩张的廓尔喀人，以商税增额、食盐糅土为借口，出兵3000，抢占了后藏聂拉木、济咙、宗喀等地。

乾隆帝闻讯后十分震惊，连颁五道谕旨，对住藏的七世班禅喇嘛加意抚慰，同时调遣四川及驻藏官兵前往迎敌，痛歼入侵的廓尔喀兵。不久，又连颁关于筹备作战所用粮草的谕旨，并命熟悉西藏地区事务的理藩院侍郎巴忠，以钦差大臣、御前侍卫的名义前往协调。但巴忠等人畏难怕事，他们背着乾隆帝，竟同廓尔喀签订了退兵纳款的议和协议，即西藏向廓尔喀岁纳300锭白银(折合内地银9600两)，并许诺请求乾隆帝授封廓尔喀首领以国王王爵以及王叔公爵封号。廓尔喀据此协议而退兵。

乾隆五十六年，廓尔喀人以西藏未能遵守退兵纳款的合约为由，再次出兵西藏，由红教活佛沙玛尔巴引导，深入日喀则，劫掠扎什伦布寺，全藏震惊。同年九月二十八日，乾隆帝任命两广总督、协办大学士福康安为征剿将军，二等公海兰察、成都将军奎林为参赞大臣，调集绿营兵、索伦达呼尔兵及金川屯练士兵等各路兵马入藏讨伐。清军

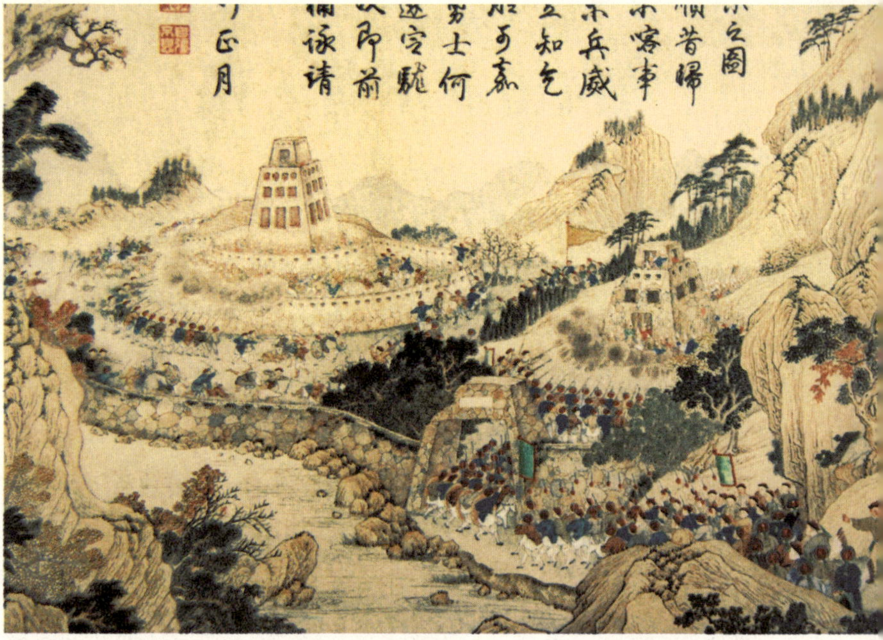

《平定廓尔喀战图册·攻克擦木》 （局部）

于五十七年四月与廓尔喀军在擦木打了一场最为艰苦的战役。擦木地形险恶，两山夹峙，易守难攻。福康安统领精兵6000人，兵分6路强攻。廓尔喀军是殊死抵抗，最终以清军歼敌200余名而获全胜，此役之后，清军连战连捷，乾隆五十七年五月，便全部收复廓尔喀兵占领的西藏土地。接着，福康安率领大军直抵廓尔喀境内，经过噶勒拉、堆补木、甲拉古拉等战役，直逼廓尔喀首府加德满都。同年七月初九，福康安向乾隆帝奏报廓尔喀王喇特纳巴都尔向清军乞降一事。乾隆帝准予清军撤回，接受廓尔喀投降。

乾隆五十八年正月，廓尔喀贡使到达京城，呈进表文和贡物，受到了清政府的款待，敕封喇特纳巴都尔为廓尔喀国王。同年的正月二十一日，乾隆帝批准了福康安所奏《藏内善后章程二十九条》。福康安等奏订的章程详备，凡有关西藏官制、军制、司法、边防、财政、户口、差役、涉外事宜及达赖、班禅转世抽签办法，均有具体而明确的

《平定廓尔喀战图册 · 廓尔喀陪臣至京》

规定。尤其章程确定了驻藏大臣全面督办西藏事务的职权，对保持西藏政局的稳定，进一步加强清中央政权对西藏地区的控制与管理，有着积极的作用。

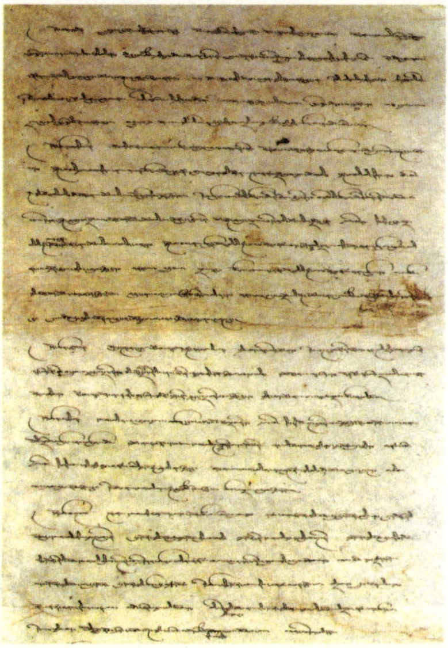

钦定藏内善后章程二十九条

大昭寺掣签的金本巴瓶

这次廓尔喀人对西藏的入侵，同活佛的参与直接相关，而清军入藏反击的胜利，为乾隆帝改革活佛转世制度提供了难得的机遇。乾隆五十七年八月，清廷颁发了两个金瓶，一个贮藏在西藏拉萨的大昭寺，

大昭寺

雍和宫万福阁

一个贮藏在北京的雍和宫，规定达赖、班禅、哲布尊丹巴、章嘉呼图克图茹贝多吉及其他黄教大活佛转世时，必须将所寻访到的若干名“灵童”的名字，用满、汉、藏三体文字缮写在象牙签上，置放于金瓶中，然后由驻藏大臣在大昭寺，理藩院尚书在雍和宫监督掣定，以此来防范蒙藏贵族对大活佛转世的人为操纵。此后金本巴瓶掣签遂成为定制。除经中央政府特别奏准者如达赖九世、十三世可免于掣签外，一般大活佛转世都要通过金瓶掣签，方可为中央及地方官府所认可。此项制度的确立，对保持西藏地区的政治稳定，经济发展，维护民族团结，提高中央政府的权威性等，都有重大而深远的意义。

丰富多彩的休闲生活

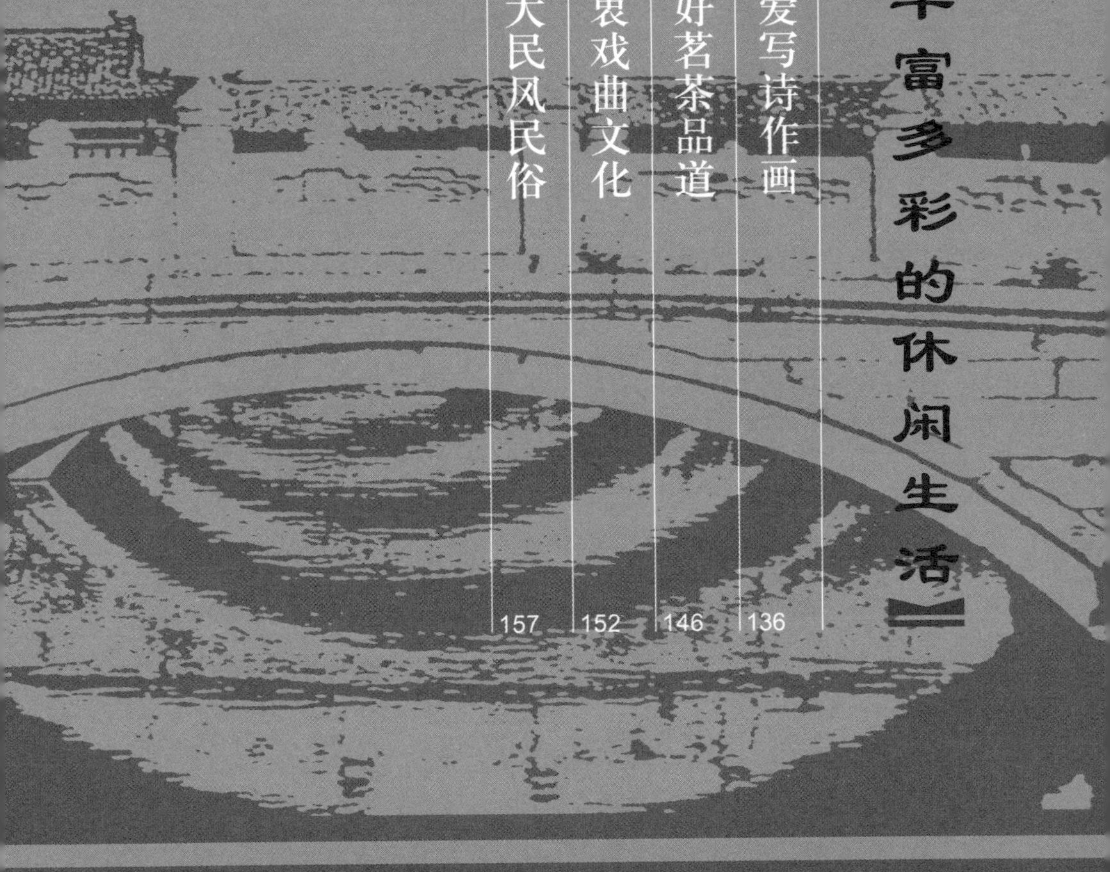

酷爱写诗作画

乾隆帝秋景写字像

勤政的乾隆帝在《四库全书》的编纂过程中，经常抽查四库馆送来的缮写本，不时发现有错、漏字的现象，或者引用不当的论证。由此可见乾隆帝的文化造诣之高深，文史哲知识之渊博，汉学功底之深厚。可以说，在清朝诸帝中，乾隆帝最具文采风流。

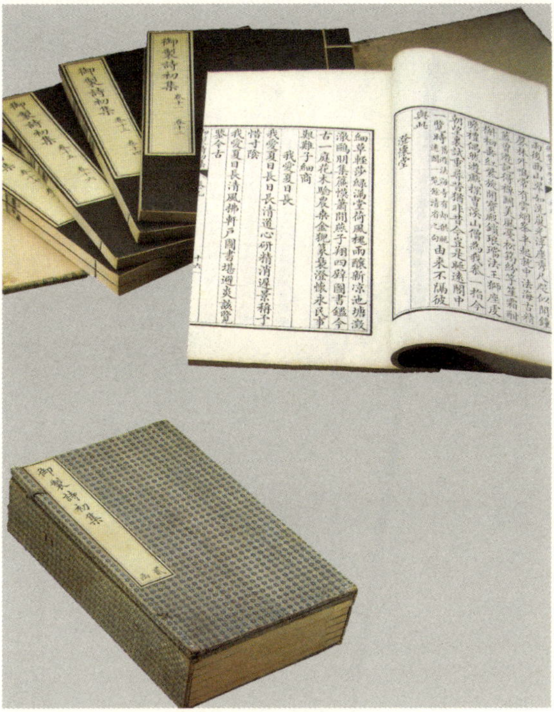

《御制诗初集》

乾隆帝自年少时起就喜欢吟诗诵文，称帝后，仍然孜孜不倦，勤于创作，作品数量冠历朝作者之首。他即位前，出版有《乐善堂文钞》(14卷)；即位后，出版有《御制诗集》(共5集、434卷，收诗41800首)；退位后，出版有《御制诗余集》。

史料记载，乾隆帝每天早饭后，审阅部院所奏事以及各督抚的折子；看毕折子，就要一拨一拨地召见诸大臣，听取各方意见；最后是召集军机大臣，指示机务；如有精力和空暇还要接见吏、兵部推荐的选任官员。至此，一天的公务算完毕。空下来的时间里，他便以诗、画为消遣。他在位60年，平均每日写诗两首，几乎从不间断。他自己也说“平生结习最于诗”、“若三日不吟，辄恍恍如有所失”。

沈德潜画像

乾隆帝的诗是先以批奏折的硃笔作草，勾勾画画，有时一气呵成，有时就写出一二句，然后令太监将诗稿交给宫中文笔好的官员如沈德潜、钱陈群、汪由敦、于敏中等人，用楷书抄写工整或者补齐后几句。遇到诗中引用的典故，大臣们还要做旁注标明。因此，乾隆帝名下的御制诗、文中有一些是由翰林词臣们润色或代笔的。沈德潜在朝中任职期间，以擅长诗文及为乾隆帝补写诗句颇被赏识，享有“殿上君臣，诗中僚友”之誉。

《御制文初集》

乾隆帝诗作的表现内容，自言：“予向来吟咏，不屑为风云月露之辞。每有关正典之大者，必有诗记事。”因此，其诗绝大部分是从政、巡幸、筵宴、读书、玩赏等活动中的即兴之作，诗意多平淡，缺乏诗韵格律，带有较浓的政治色彩。由于其诗皆为信手拈来之作，直叙其事，直抒其情，便不免欠于艺术修饰，所以不为文学史家们重视；但在历史学家眼中，他的诗则具有较高的史料价值。

乾隆帝古装像

乾隆帝《岁寒三友图》

乾隆帝除作各体诗外亦喜为文，其御制文分为初集30卷、二集44卷、三集16卷、余集2卷，共收录1000多篇文章。所涉及的题材广泛，天文、地理、政事、经史、人物、艺术、经济等，无不加以论证。

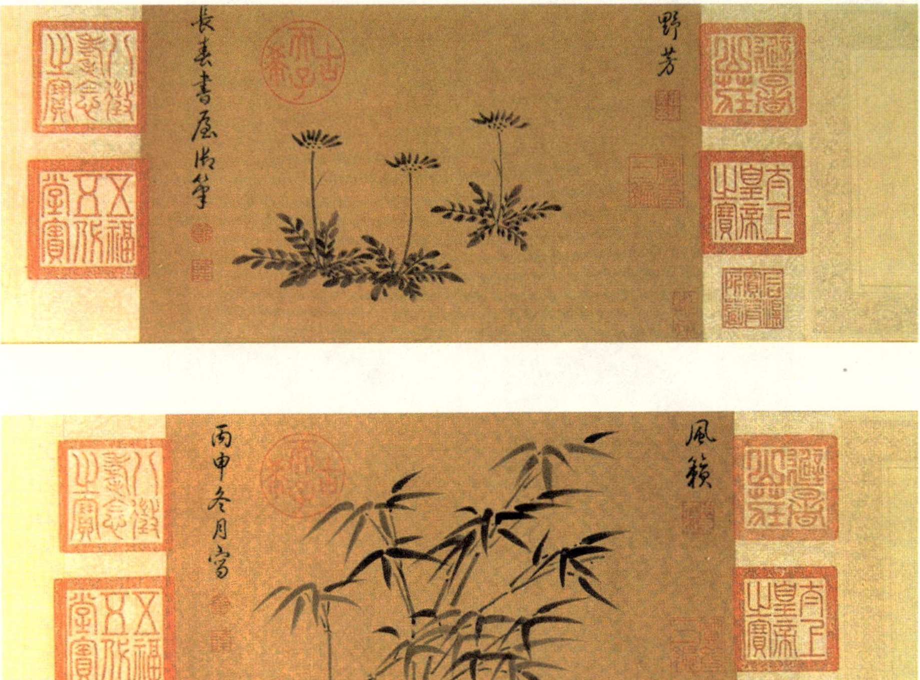

乾隆帝《写生花卉图》卷（局部）

养心殿内三希堂

文体表述方式多样，记、赋、铭、赞等皆有。它们对研究清史政迹史实、乾隆帝的治政理念等都具有重要的价值和意义。

乾隆帝的书画同其诗文一样，造诣不算很高，但是由于他孜孜不倦的创作，也成为历代帝王中存留书画作品最多的皇帝，约计百余件左右。乾隆帝在所作《三余逸兴图》上自跋，说他从雍正七年(1729年)19岁开始作画，最初专画花鸟，临遍宫中所藏黄筌、林椿、边鸾等五代、宋名家名迹，后来随着阅历的丰富，欣赏到各种画风、画派及表现题材的画作，令他逐渐视野开阔，创作范围日趋广泛，山水、蔬果、花卉、松石、人物等皆有所涉及。

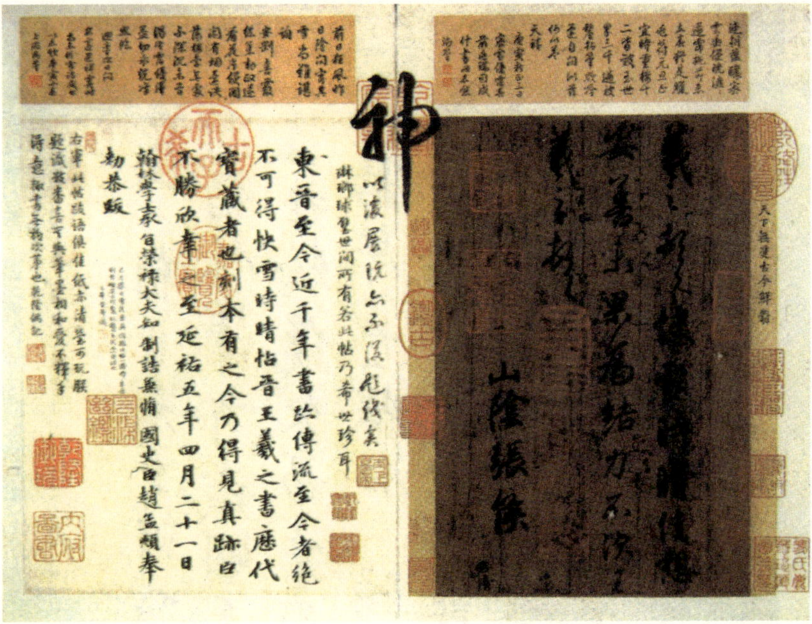

王羲之《快雪时晴帖》

乾隆帝的绘画创作，基本上为元代倪瓒文人画的笔墨风格，重在表现笔墨意韵及文人淡泊虚静的情调，因此，带有很大的自娱自乐的消遣性。构图简洁明了，突出主体，花草仅选二三枝，缺少前后穿插掩映；山石巧取一隅，无远近、高低景致相映衬。笔法简练而概括，无

御笔三希堂记册

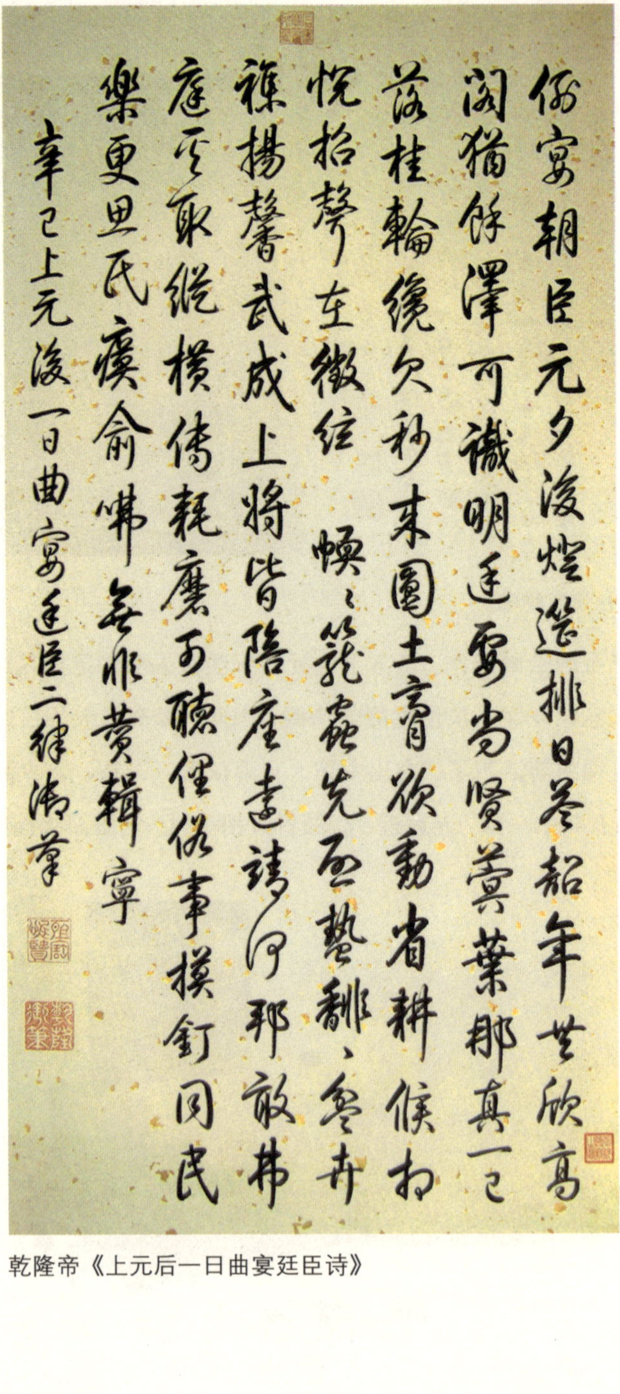

乾隆帝《上元后一日曲宴廷臣诗》

繁复的点染皴擦，并且，不拘泥于琐末细节的表现，用笔工整写实。文献记载，他在处理政务之暇，有时要到宫廷画家供职处如意馆瞧一瞧，见到“有用笔草率者，辄手教之，时以为荣”。

乾隆帝在书法创作上，对东晋王羲之的书法最为推崇。王羲之字逸少，琅琊临沂(今属山东)人，寓居会稽山阴(今浙江绍兴)，官至会稽内史、右军将军，世称“王右军”，具有高深的书法造诣，其刚健中正的字体、酣畅恬静的笔势，对我国书法艺术的发展有着巨大影响。乾隆帝藏有其《快雪时晴帖》，对于此帖，乾隆帝最为珍爱，无数次照帖临摹，研习章法。并且，在此帖的尾纸处精心绘一小景，先后作题73处，以抒发赞叹之情。不仅如此，他还将此帖与东晋王献之《中秋帖》、王珣《伯远帖》合称宫中的“三希”，特地将它们集中放置在养心殿西暖阁梢间的一小室内，并将原来的室名“温室”改称为“三希堂”。乾隆帝在苦学王羲之笔法的同时，还兼学元人赵孟頫、明人董其昌诸位名家书法，从而在博采众家的基础上，形成了用笔雍容、风格平和的艺术面貌。

乾隆帝喜好书画，不仅体现在他亲自参与创作上，还表现在他积极扶持宫廷绘画上，宫廷绘画也因此在乾隆朝走向了繁荣时代，其创作队伍和作品数量都位于各代宫廷绘画之首。乾隆帝给予来自西方的宫廷画家郎世宁、艾启蒙、王志诚等人极高的待遇和信任，西洋画家不仅可以用符合中国人审美观的西洋画法进行创作，而且还可以在清廷内向中国画家传授西洋绘画的知识，从而在宫廷绘画中形成了具有鲜明特征的、中西方绘画相融合的新画风。

喜好茗茶品道

乾隆帝的宫廷生活丰富多彩，除吟诗作赋、写字绘画外，平日品茶观戏，也是他生活中重要的活动内容。

茶饮起源于巴蜀，当它以古朴的风姿走出四川后，经历朝文人士大夫的“文化”雕琢，使之精神化、浪漫化、娱乐化，并逐渐从物质范畴被“品”至“道”的高层境界，成为具有丰富意韵的茶文化。

茶饮作为一种精神享受的雅事，不光为文人雅士们所钟爱，皇室、贵族们亦纷纷参与到茶文化活动中，宋代就已有在宫内举行大型茶宴的记载，茶宴上，北宋皇帝徽宗亲自注汤烹茶，并将热茶赐给与会者，以示恩遇。

清朝，由于历代皇室的高度重视更是将宫廷茶文化推向极致。宫中设有数处与茶有关的房舍、机构，如茶库，其职责以收存贡茶为主，还兼管人参、香纸、绒线等项。这里所藏茶叶是由四川、江西、安徽等产茶地方的织造、将军、巡抚、总督等高级官员进贡的，共约30多个品种。御茶膳房是专门负责宫中各处的供品、帝后御用及赏赐用茶。

乾隆帝对龙井茶十分嗜好，在其第三次南巡时，专门两次来到龙井茶的产地视察，并写有《初游龙井志怀三十韵》及《坐龙井上烹茶偶成》以抒发情怀。乾隆帝曾拿龙井茶作为珍贵礼物赏赐给近臣，每人虽仅获得几毫，但已喜不自禁，颇为满足。

由于龙井茶的稀少，乾隆帝平日里不得不饮用其它品种的贡茶，如蒙顶仙、珠兰、松萝、莲心、花香、安化、普洱、天桂花香等。御茶膳房中除乾隆帝“留用”的上述几种外，还存有供皇太后或赐给贵妃等人用的茶，主要是大普洱茶、女儿茶、普洱茶膏等。

乾隆帝还爱喝一种组合型的茶，即三清茶，它是由梅花、佛手和松子三味合成，口感清润，带有暗香之气。为此，乾隆帝36岁时专门作《三清茶》诗并命将此诗附在由漆器、玉器、瓷器等不同材质的茶

《乾隆帝雪景行乐图》（局部）

碗上，诗言："梅花色不妖，佛手香且洁。松实味芳腴，三品殊清绝。烹以折脚铛，沃之承筐雪。火候辨鱼蟹，鼎烟迭生灭。越瓯泼仙乳……"。乾隆在诗中提到烹三清茶要用雪水。在宫廷画家创作的《乾

《乾隆帝雪景行乐图·收集积雪》

隆帝雪景行乐图》中可以看到，乾隆帝令人收集积雪、烹茶的场景。在宫廷画家绘《乾隆帝熏风琴韵图》、张宗苍绘《乾隆帝抚琴图》中可见，乾隆帝所向往的消遥自在的生活中都有烹茶童子相伴，茶，已被他视为淡泊情趣的一部分。

只有好水才能冲出高品味的香茶，为此，乾隆帝对用于烹茶的水深有研究。《冷庐杂识》记载：乾隆帝曾命内务府造办处专门制作一种用于称泉水重量的银斗。经测试，北京玉泉山和塞上伊逊的水质最好，比重最轻，其次是“济南

《乾隆帝雪景行乐图·雪水烹茶》

珍珠，重逾二厘；扬子江金山下中泠，重逾三厘；惠山虎跑，各重逾四厘；平山重逾六厘；清凉山、白沙、虎邱，及西山之碧云寺，各重逾一分。”于是，遂定玉泉为第一，并作《玉泉山天下第一泉记》，对该处水质大加赞赏。玉泉山的雪水经测量也被认定是最好的。

乾隆帝对茗茶的喜好和深入研究，促使宫廷茶事文化一时达到鼎盛，以“茶”为主题的各类活动纷起，其中最引人注目的是重华宫茶宴。乾隆帝自乾隆八年至六十年(1743－1795年)，除因皇太后丧事之外，每年都要在正月初二至初十日之间的某一天，在重华宫举办茶宴。最初入宴者的人数没有一定的限制，内廷当值的词臣都可以参加。乾隆三十一年开始，规定参加赋诗茶宴者仅限18人。乾隆帝事先将诗文题目，通告与会者，让他们有所准备。但“御定元韵”却要临时发下，以便考察词臣们的文采。嘉庆元年(1796年)，身为太上皇的乾隆帝与嗣皇帝嘉庆帝在重华宫合办过一次茶宴，当时，“命廷臣次韵，吁嗟字韵多不得体。”只有彭文勤代和珅作的“帝典王谟三曰若，驺虞麟趾五

《乾隆帝熏风琴韵图》（局部） 侍童正端清茶为乾隆帝解乏

吁嗟”赢得两位皇帝的交口称赞，从而令此次最高级别的茶宴有一较圆满的收场。

词臣们每每诗成后，无须汇总，而是谁先写完谁先交。届时，乾隆帝会赏赐给由玉泉山雪水冲泡的名贵之茶，其纯正的口感、清幽的茶香既可缓解臣子们赋诗联句时紧张的神经，又为诗会增添了许多浪漫的情调。待茶宴结束后，乾隆帝允许大臣们带走各自使用过的茶碗，以示恩典。每每这时候与会者才有如释重负的快感，领略到真正品茶的快乐。

乾隆帝曾效仿祖父康熙帝举办过两次以茶饮为主的千叟宴。乾隆五十年(1785年)正月在乾清宫内举行的千叟宴，与会者多达3000余人，

张宗苍《乾隆帝松荫挥毫图》（局部）

宫廷茶具

年龄最长者为104岁。六十一年(即嘉庆元年)，乾隆帝改在皇极殿举行千叟宴，与会者亦3000多人，不过除此之外，还有5000位受到邀赏而没有座席的人。这么多的人参与茶宴，其场面自然是热烈而隆重。茶宴开始后，并不是人人都向皇帝敬茶，而是由茶膳房官员向皇帝“进茶”，以此代表几千与宴人的意思。人们饮用的茶是由黄茶、奶油、牛奶加盐制成的乳茶，其配制方法依照满族人的饮食习俗，里边包含着不忘祖制的政治意图。

宫廷的茶事是直接与朝廷的文事、教化、礼仪相结合的一种文化活动，它在丰富了茶文化内涵的同时，亦带有鲜明的宫廷特色。它因为是在君臣等级差异分明的庄严气氛中进行的，所以，很难真正发挥“茶宴”的作用，不能使茶与诗、人与自然交融一体，让浪漫的心境随着茶香而真正地飘逸起来。

热衷戏曲文化

畅音阁戏台

观看戏曲表演，是乾隆帝最喜欢的娱乐活动，也是其宫廷生活中投资最大的娱乐项目。不要说置办各种精美的戏装、做工精细的仿真道具耗费多少银两，光不惜人力、物力、财力，出资建造的大小戏台便有五六座之多，如乾隆帝令工匠在紫禁城内修建了畅音阁、寿安宫戏台，在避暑山庄兴建了清音阁戏台。它们都是三层大戏台，上层为福台，中层为禄台，下层为寿台，寿台的台面上又开了五个地井和三

《平定安南战图册 · 阮惠遣侄阮光显入觐赐宴图》（局部） 图中戏台为清音阁戏台

个天井。这样，上中下三层可以同时出现人物、鬼怪、神仙。从而给人以上通天界，下至地狱的神奇感受和强烈的视觉效果。又如，乾隆帝为了给小型的室内宴饮助兴，还修建了台面仅数平方米，供演折子戏用的漱芳斋、倦勤斋、风雅存小戏台等。此外，乾隆帝还令人修建了介于大小戏台规模之间的中型戏台，如重华宫戏台等。

在戏台上上演的剧种分别称作雅部和花部。雅部是指昆曲传奇(或昆剧)，它是从明初南戏的基础上发展起来的剧种。花部也称乱弹，指昆剧以外的地方剧种，包括从明代弋阳腔演变而来的地方戏和清初以来新兴的一些地方戏。雅部在唱词上经过文人和戏曲音乐家的创作、加工，更具文化内涵，因此，乾隆帝本人很喜欢雅部的演唱节目。

戏装之一

戏装之二

宫中的戏曲演出活动极频繁，并有着一定的章法，有月令、酒宴、开团场、寿戏、灯戏、大戏等六种，都是昆、弋腔，统名“承应戏”。以月令戏为例，元旦演“喜朝五位”、“岁发四时”，正月灯节演“东皇布令”，端阳节演“祛邪应节”，七夕节演“仕女乞巧”，中秋节演“丹桂飘香”，除夕演“升平除岁”、“如愿迎新”等剧目。皇帝生日演群仙祝寿，皇太后生日演九九大庆。旦凡遇到一些特殊的情况，如日蚀、月蚀、忌辰等，要临时停演。

风雅存小戏台

倦勤斋戏台

参加演出的演员都是男性，或为宫中的太监或为民间艺人。乾隆帝六次南巡，每至江浙一带，两淮盐商，纷纷出巨资搭建戏班子，连日演雅部和花部，一时盛况空前。乾隆帝深为南方的戏曲艺术而心动，令江南织造挑选伶人进京应差，这些由民间传进宫中演出的人，称为“外学”。而由宫中负责戏班子的南府培养出的演员称“内学”。外学入宫后不仅要参加宫中的演出，还要成为内学的教师，教习那些具有一定表演天赋的大小太监演唱。无论是内学还是外学，均对提高宫廷戏曲演出水平有着积极的作用。

戏曲演出的剧本，大都为手抄本。有的是专供乾隆皇帝看戏用的“安殿本”，也有的是供排演用的，名“串头本”、“排场本”。剧本由长

重华宫戏台

于文词、官至吏部尚书的张照和庄亲王允禄以及乐部主持编录，不少是在传统剧目的基础上改编而成的。印刻的有《钦定曲谱》、《劝善金科》、《昭代箫韶》、《升平宝筏》等。这些剧本虽意在颂扬功德、太平盛世，或者张扬因果报应，但是其文词华丽，艺术形式也有可取之处。对于研究清代小说、戏剧史，挖掘文学遗产，繁荣创作，都具有较高的资料价值。

光大民风民俗

《乾隆帝岁朝图》（局部）

有一项活动内容虽然不象吟诗、饮茶、观戏那样是经常性的，但亦是乾隆帝生活中的一个重要组成部分，即各类节庆活动。

满族在入关前，风俗简单古朴，入关后，在与各民族相互融合的过程中，受中原汉文化的影响最大，从中接受的民风、民俗亦最多。并且有一部分已制度化，融入到宫廷生活中。如汉民族历代相承的传统节日元旦、上元、清明、七夕、中秋、重阳等，在乾隆帝的皇宫中亦被延续着，只是由于宫廷的特殊性，民间习俗入宫后变得繁琐、华贵和典制化。

岁朝即元旦，乾隆帝对每年伊始的这一天非常重视，他要穿上喜爱的香色缂丝龙袍，与家人团聚在一起，点竹放炮，祈求平安祥福。与众不同的是，这一天他还要认真地书写《心经》一册，以示庆贺。

《乾隆帝元宵行乐图》（局部）

乾隆帝坐于楼台上，感受着合家欢乐的节庆气氛

正月十五日为上元日，是中原传统灯节，也称元宵节。爱热闹的乾隆帝每年也要以最热烈的方式欢度这个意寓合家团圆的节日。这天，他要率领宫眷至圆明园的“同乐园”看连台戏，下午三四时许至该园地势空旷的“山高水长”处，观看相扑、马戏、爬竿、罗汉堆塔等各类表演。傍晚时分，天色渐暗，则令人施放各色烟火将庆贺活动推向高潮。晚膳时，他则与宫眷们食用“元宵一品”，享受佳节的快乐。

五月初五日为端午节，江南吴越一带的百姓为了纪念战国时楚国诗人屈原，每年都要在这一天举行盛大的龙腾祭活动，即以龙形的独木舟作竞渡比赛，同时要吃由糯米制成的粽子。这一习俗亦在清廷被大张旗鼓地承袭着，这一天，乾隆帝与皇太后不仅要在圆明园的蓬岛瑶台，观看在福海中举行的龙舟赛，而且要食用粽子，并以粽子为祭品在各处供神敬祖。

八月十五日是中秋节，亦是团圆节，因此，宫中对这一节日也极其重视，宫殿监要事先率首领太监设供案，摆祭品、安神牌以及拜月用的褥垫。待一切准备就绪，明月已渐至半空，乾隆帝先行拈香施礼，奉告天地企盼合家欢的良好心愿。随即由后、妃、嫔等依次至香案处行礼许愿。祭毕，众人分享各式月饼。月饼做工精细，其馅是咸、甜、荤、素一应俱全。美食配美景无疑更增添了家庭团圆的浓浓亲情。

最后，值得一提的是，乾隆帝在接受以汉民族为主的风俗时，不忘本民族的习俗，他始终有分寸地把握既要汉化，又不能同化的基本原则。因此，在满汉关系上，他一贯坚持“满洲根本”，辅之以“旗民有别”和“满汉一家”的基本国策。在他的宫廷生活中，一直保持着筵宴时跳满族庆隆舞(又名蟒式舞)的习俗。文献记载，乾隆帝曾在为母亲崇庆皇太后祝寿时，当众着彩衣，边用满语演唱，边跳此舞助兴的场景。

冰嬉是满族在关外时的一种大众性体育活动，随着满族入关，该活动亦被带入关内，为国制所重，有“国俗”之称。它原本纯属军事演习性质的溜冰，后逐渐演变为专供王公贵族娱乐的竞技活动。这一活动在乾隆朝最为兴盛，既保留了军事集体表演的大型规模，又侧重于个人的技巧表演。内容有速度滑冰、花样滑冰、转龙射球和滑射等。参加比赛的选手从八旗将士中选出，共约1200人。每年的冬至到“三九”寒冬时节，在太液池(今北海和中南海)冰冻坚实之际，乾隆帝、皇太后及王公大臣们要坐冰床前去观看数百人的冰上表演。表现优胜者将获得赏赐。乾隆帝作为一国之君并不参加此项剧烈的体育运动，而只是作为旁观者督促、欣赏、奖励。

乾隆帝主要参加的运动项目是满族人喜好的射猎活动。他从少年开始便随祖父康熙帝前往热河、南苑打猎。继帝位后，承袭祖制，把骑射尚武奉为“满州根本”。从乾隆六年至三十五年(1741－1770年)，他几乎历年都要至木兰围场或南苑狩猎。当然其狩猎的目的不光是练习自身的马箭术，还有更为重要的政治目的，即肆武习劳和绥怀蒙古。

姚文瀚、张为邦《冰嬉图》（局部）

姚文瀚、张为邦《冰嬉图·转龙射球》（局部）

乾隆帝借“盛世”的繁华，为宫廷生活的兴盛带来了一个大发展的良机。以他为主的皇室成员，在接纳中原汉文化传统风俗之际，也不忘满族人固有的生活习惯，同时他们也兼顾蒙、藏等民族的生活习性。多民族的生活习俗，在此有机地相互碰撞进而相互融合，在丰富宫廷生活的同时，也构成了乾隆帝宫廷生活的一大特点，即民族化、多元性。而这恰与乾隆朝多民族大家庭的社会环境相吻合，有助于国家政权的巩固。

多情皇帝的家庭生活

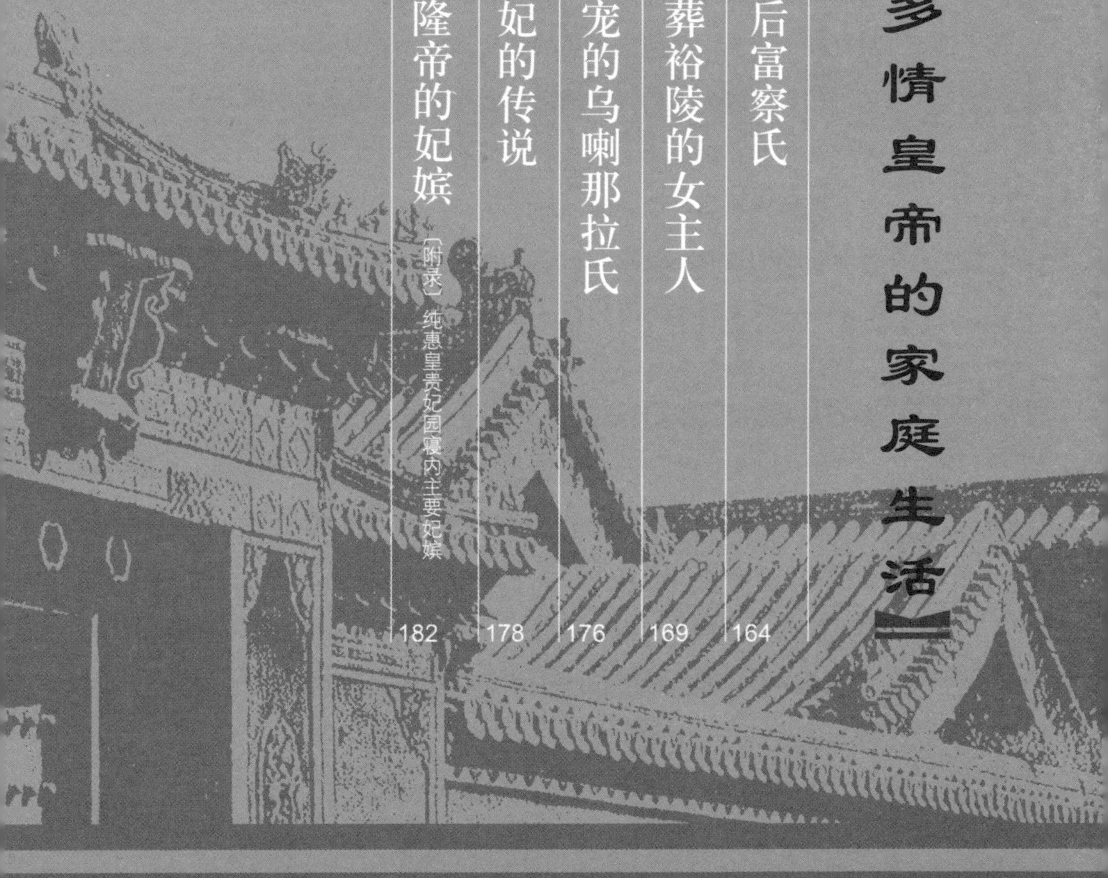

皇后富察氏

雍正五年(1727年)七月十八日，年方17周岁的乾隆帝弘历，奉父命与察哈尔总管李荣保的女儿富察氏结婚。富察氏(1712－1748年)来自名门望族、满洲镶黄旗，其家族从祖先旺吉努率部落归服努尔哈赤以来，就世代为清廷重臣。她比乾隆帝小一岁，体貌端庄，温柔贤慧，尤其是她始终克勤克俭，不忘满族习俗的品质，深得乾隆帝的敬重。她平日打扮喜欢以朴实的通草绒花为饰，不爱佩戴珠宝等珍贵的饰物；每年按关外满族人的传统技艺，亲手用鹿羔细皮绒制成荷包送给乾隆帝作为礼物，以示不忘先世在关外的遗制。

乾隆登极后，于乾隆二年(1737年)十二月初四日，在紫禁城内举行隆重的册封礼。乾隆帝在太和殿向天下民众宣制，命保和殿大学士鄂尔泰、户部尚书海望为正、副使，持节、赍册宝，册立时年26岁的富察氏为中宫皇后，母仪天下。其庄重而喜庆的气氛为严寒的冬日增添了几多暖意。

乾隆帝在与富察氏结婚前住在毓庆宫，婚后，被特准住在他们结婚所在地乾西二所(乾隆朝升为重华宫)。婚后的第二年(1728年)五月，他们的第一个儿子降生了，全家人高兴异常，由雍正帝亲自为这孙儿取名为永琏，取“隐然示以承宗器之意”。永琏实际上是乾隆帝的第二个儿子，在他之前有由哲悯皇贵妃所生的，刚满2岁的同父异母哥哥永璜。

乾隆帝对永琏非常喜欢，认为他“聪明贵重，气宇不凡”，因此，在乾隆元年，他初登皇位的第一年的七月二日，就召集总理事务王大

富察氏孝贤皇后朝服像

臣等高官，示谕将还未行册立之礼的永琏定为皇太子，即今后皇位的继承人。并且效法其父亲秘密建储的方法，把写有储君为永琏的密诏，置于乾清宫“正大光明”匾额后。但不想乾隆三年，还不到10岁的永琏突患寒疾，猝然而逝。这令乾隆帝好生难过，决定仍以皇太子的礼仪为其治丧。乾隆帝脱下龙袍华服，只穿没有纹饰的素衣素褂，每天都要来到装皇太子的金棺处察看，届时还要解开缨纬，以示哀思。他同时传谕，官兵等人，凡是在京者40日，在外省者20日内，要停止一切婚嫁娱乐活动。最后，赐永琏谥号“端慧”，将他埋于山清水秀的河北省蓟县朱华山下。

富察氏孝贤皇后缝制的荷包

永琏死后的第六年，33岁的富察氏在四月初一日又为乾隆帝诞育一子，乾隆帝满心欢喜，为孩子取名永琮。虽然，这时其他的嫔妃们为乾隆帝已生有数子，最长者皇长子永璜18岁、皇三子永璋11岁，此外还有7岁的皇四子永珹、5岁的五子永琪、3岁的六子永瑢等，但是，乾隆帝仍然希望今后的皇朝大业由他与富察氏所生的永琮来继承。不幸的是，永琮年仅两周岁就因出痘而亡。伤心不已的乾隆帝，赐他谥号“悼敏”，并谕令亦以高级别的丧礼仪式将他埋葬，永琮被下葬在朱华山下永琏的“端慧皇太子园寝”内，为的是兄弟俩彼此可相依作伴。

在不到10年的时间内，连续痛失爱子，尤其是两个关乎王朝宗嗣的皇子，这对乾隆帝和富察氏打击极大。富察氏由此而体弱多病，乾隆十三年二月初四，她与乾隆帝奉皇太后东巡，旅途劳累加之久病体虚，病逝于山东德州，年仅37岁。

乾隆帝强忍内心的悲痛，一面派人立即先送皇太后回京，一面自己留在德州亲自料理皇后的殡殓事宜。他命把富察氏所乘的船连同她的遗体一起运回京师。由于船体太大进不了城门，乾隆帝便命人把城门拆了，可还是进不去。经采纳工部尚书海望的建议“造架堞上，以菜叶铺垫，千夫维挽，舟藉其柔滑而入”。进了城后，富察氏的梓宫从船上御下，由东华门入苍震门后，安放在长安宫中。

乾隆帝亲自在紫禁城内为皇后举行了隆重的丧礼。礼毕，乾隆帝护送富察氏的梓宫，至紫禁城神武门对面的景山。景山是一座人工堆造的皇家御苑，里边有许多明清时期的皇家建筑。富察氏的梓宫就停放在景山东北处的观德殿内，以便皇室人员随时来悼念。

皇后之丧属于国丧，因此，乾隆帝令各地官吏妻、女甚至外藩额驸王公台吉公主福晋郡主等，也要相应地举哀，在皇后丧期内停止一切婚嫁及娱乐活动。乾隆帝对举哀不诚者，严加处置，毫不留情。他以擅自剪发，违反满族丧葬习俗为名，惩治了金文淳、周学健、塞楞额等一大批官僚。外省满族文武官员50余人因没有具折奏请赴京叩谒皇后梓宫，而受到降级或销去军功记录的处分。他对举哀没有诚心的皇子们亦严厉地斥责。其中受处罚最重的是21岁的皇长子永璜、14岁的皇三子永璋。他们不是皇后富察氏所生，因此，在富察氏的治丧期内没有表现出过分悲哀的情绪，这令乾隆帝很是生气，他不仅严厉训斥永璜，还召集诸王爷和满族重臣，宣布永璜虽然作为长子最有希望继承皇位，但是由于他不孝，因此，剥夺其皇位继承权。盛怒之下的乾隆帝就此还不罢休，言永璜的不孝是由于他周围的师傅们管教不严，因此，亦要受到制裁，其中和亲王、来保、鄂容安均“著各罚食俸三年”。

在治丧期间，乾隆帝连续九日不理朝政，整日身穿素衣素袍，沉浸在悲痛之中，几乎每天都要到观德殿内奠酒致祭，并在这里为富察氏举行了册谥礼，谥号为“孝贤”。乾隆帝在册文上说明了其中的因由，曰:“皇后之淑德，惟朕知之最深。畴咨谥典之隆称，自腾衡之而允协，惟贤与孝实乃兼优，曰孝且贤，词无谥美，兹以册宝谥曰孝贤皇后。”富察氏孝贤皇后的梓宫在观德殿一直停放了7个月左右，乾隆帝才依依不舍地护送其梓宫安置在距紫禁城数公里外的静安庄。此后，他如果在京城，几乎每个月都要来静安庄致祭一二次；逢富察氏的忌日，乾隆帝更是要亲自酹酒祭奠，以“廿载同心成逝水，两眶血泪洒东风”的悼亡诗宣泄自己真切的哀思之情。直至乾隆十七年冬，直隶遵化州清东陵胜水峪地宫，即乾隆帝为自己修建的陵墓裕陵工程告竣，富察氏的梓宫才在乾隆帝的亲自护送下安放于地宫的宝床之上。

富察氏孝贤皇后除为乾隆帝生育永琏、永琮外，还为他生有2女。其中一女为乾隆帝的长女(1728 － 1729年)未满2岁而亡。另一女是乾隆帝的第三女(1731 － 1792年)于乾隆初年被封为固伦和敬公主。16岁时下嫁科尔沁博尔济吉特氏辅国公色布腾巴尔珠尔。色布腾巴尔珠尔是顺治皇帝时，固伦端敏公主额驸班第之孙。乾隆十七年，晋袭亲王。固伦和敬公主不仅是乾隆帝第一个出嫁的女儿，也是寿命最长的女儿。62岁时病故于距紫禁城不远的和敬公主府。乾隆帝每每见到她都不免想起富察氏皇后的音容笑貌，因此，乾隆帝对这个女儿一直非常好，处处加以呵护关照。

陪葬裕陵的女主人

老年乾隆帝像

裕陵地宫是乾隆帝生前为自己建造的豪华陵墓。它位于河北省遵化胜水峪，始建于乾隆八年(1743年)，占地面积46万多平方米，工程历时几十年，耗白银200多万两。陵园建筑壮丽，工艺精美，仅用在汉白玉雕刻上就达8万个工。地宫进深34米，为九券四门无梁柱的拱券式石结构，为清东陵诸陵之冠。

乾隆帝病逝后，遗体被装入金棺，置于乾清宫内停灵，每日由嘉庆帝率领诸王公贝勒、文武重臣，以及公主、福晋等，着素衣按班次前来举哀。然后，移置到景山观德殿。嘉庆四年(1799年)的九月初二

裕陵地宫外小红门

日移往裕陵地宫，九月十五日举行了隆重的送葬仪式。乾隆帝从此真正地退出了历史舞台，长眠于地下。

在乾隆帝棺木入置这座地宫前，地宫并不是空的，里边已葬有5位女主人，除上述的富察氏孝贤皇后外，还有嘉庆皇帝的生母孝仪皇

裕陵地宫

孝仪皇后像

后魏佳氏及慧贤皇贵妃高氏、哲悯皇贵妃富察氏、淑嘉皇贵妃金氏。

孝仪皇后魏佳氏是内管领承恩公清泰之女，雍正五年(1727年)生，18岁入选皇宫，嫁与时年34岁的乾隆帝。她虽然长相普通，但是性情温柔，且善解人意，因此，深得乾隆帝的爱恋。入宫后的第一年便由贵人被册封为令嫔。22岁时被封为令妃，32岁时被封为令贵妃，38岁时又被晋封为皇贵妃。49岁病故于京城皇宫，谥“令懿皇贵妃”。其子永(颙)琰称帝后，她被追封为孝仪皇后。嘉庆二十五年(1820年)、道光三十年(1850年)两次加谥，为孝仪恭顺康裕慈仁端恪敏哲翼天毓圣纯皇后。

她共为乾隆帝生有4子，除永琰外，还有皇十四子永璐(1757－1760年)4岁病逝；皇十六子(1762－1765年)，未及名而亡；皇十七子永璘(1766－1820年)。永璘喜好游玩，不甚明事理，因此，不为乾隆帝所欣赏，当乾隆五十四年十一月，乾隆帝为其皇六子、十一子、十五子封王时，仅封他为级别低一等的贝勒。他对乾隆帝厌烦他的态度心知肚明，私下曾对其他的皇子们感叹道：即使皇帝多的象雨点，也不能滴在我的头上，让我做皇帝。只求各位兄弟可怜我，将和珅的邸

慧贤皇贵妃像

第赐给我，我就心满意足了。嘉庆称帝后，念一母之情的份满足了他的愿望，将和珅的一部分宅第赐给了他，并于嘉庆四年(1799年)封他为惠郡王。后又改封为庆郡王。54岁病危时，嘉庆帝亲自至床前慰问，同时，封他为亲王。谥僖。

孝仪皇后魏佳氏还生有皇七女和皇九女。皇七女(1756－1775年)于乾隆三十五年正月封为固伦和静公主，同年七月，下嫁廓尔喀额驸

超勇亲王策凌之孙博尔济吉特氏拉旺多尔济。皇九女(1758－1780年)于乾隆三十六年她14岁时册封为和硕和恪公主，第二年下嫁协办大学士、一等武毅谋勇公兆惠之子乌雅氏扎兰泰。

慧贤皇贵妃(？－1745年)，高佳氏，她是大学士、河道总督高斌之女。雍正年间，被选入宫时，为时为皇子的乾隆帝侧福晋。乾隆二年册封为贵妃。十年病逝，被追晋为皇贵妃，谥为“慧贤”。当时，富察氏皇后见状，遂请求说：以后我要是病故了，能谥我为“孝贤”吗？3年后，富察氏病逝德州，乾隆帝想到其生前的愿望，以及她一生的贤慧孝顺之品格，于是，谥她为“孝贤”，也算践了前约。

哲悯皇贵妃(？－1735年)，富察氏，佐领翁国图之女，初入宫时，与慧贤皇贵妃一样，为时为皇子的乾隆帝侧福晋。她只与乾隆帝共同生活七八年便病故了，成为乾隆帝的妃嫔中最早过世者。乾隆元年(1736年)被追封哲妃，追晋皇贵妃，谥“哲悯”。她为乾隆帝生有皇长子永璜及皇二女。永璜(1782－1750年)以因富察氏皇后病逝，没有按照礼仪克尽孝道而受到乾隆帝谴责，并被排除在继承皇位的皇储之外，2年后，忧郁而亡，年仅28岁。此时，乾隆帝面对自弱失母，英年早逝的长子，颇感内疚和伤感，亲自于当日临奠，并且追封永璜为和硕定安亲王，谥安。同时，破例让永璜之子绵德无须按等降袭，直接袭封为亲王。皇二女(1731年)幼殇。

淑嘉皇贵妃(？－1755年)金佳氏，是上驷院卿三保之女，正黄旗包衣人，初隶汉军旗，后赐姓金佳氏并抬旗。乾隆二年封嘉嫔，累晋嘉妃、嘉贵妃，谥“淑嘉”。生有皇子4人，分别是永珹、永璇、永瑆及幼殇而未及命名的皇九子。

皇四子永珹(1739－1777年)工诗文，擅绘画，所作墨笔荷花，被誉为“深得水佩、风裳之意”。但是，他并不为乾隆帝所喜爱，于乾隆

淑嘉皇贵妃像

二十八年出继为履亲王允祹之孙，降袭履郡王。39岁卒，以亲王等级入葬。谥端。嘉庆四年(1799年)三月，追封为亲王。著有《寄畅斋诗稿》。

皇八子永璇(1746－1832年)性情浮躁，办事无条理，贪酒好色。乾隆三十五年五月，他未经向乾隆帝奏请，也没有告诉师傅，就私自离开圆明园书房进城游玩，事后受到乾隆帝严厉的批评。他的师傅观保、汤先甲等人因未尽职劝阻，也受到革职的处分。四十四年才被封为仪郡王。嘉庆四年正月被晋封为仪慎亲王，总理吏部。但同年二月便辞官不就。道光年间，免宴见行叩拜礼，因患脚疾，特许在紫禁城内乘轿。87岁卒，成为乾隆帝诸子中寿命最长者，道光帝亲临赐奠，并且赐银500两治丧。

皇十一子永瑆(1752－1823年)字镜泉，号郎斋、少厂，自幼喜好书法，潜心摹仿唐宋各家，颇有心得，遂成为造诣高深的一代书法家，士大夫们如果获得其片纸只字，都将视为珍宝，仔细收藏。乾隆帝对他的书法艺术亦倍加赞赏，多次幸其府第，观其作书，还亲自为其颁行的字帖作序；修《四库全书》时任命他为总裁官之一；南巡、东巡、幸避暑山庄时皆令他随驾而行。38岁时被封为成亲王。乾隆帝驾崩，他受嘉庆帝之命，书写乾隆帝裕陵圣德神功碑。其书迹被刻为《诒晋斋帖》，由嘉庆帝颁赏给群臣。嘉庆四年受命军机处行走，总理户部三

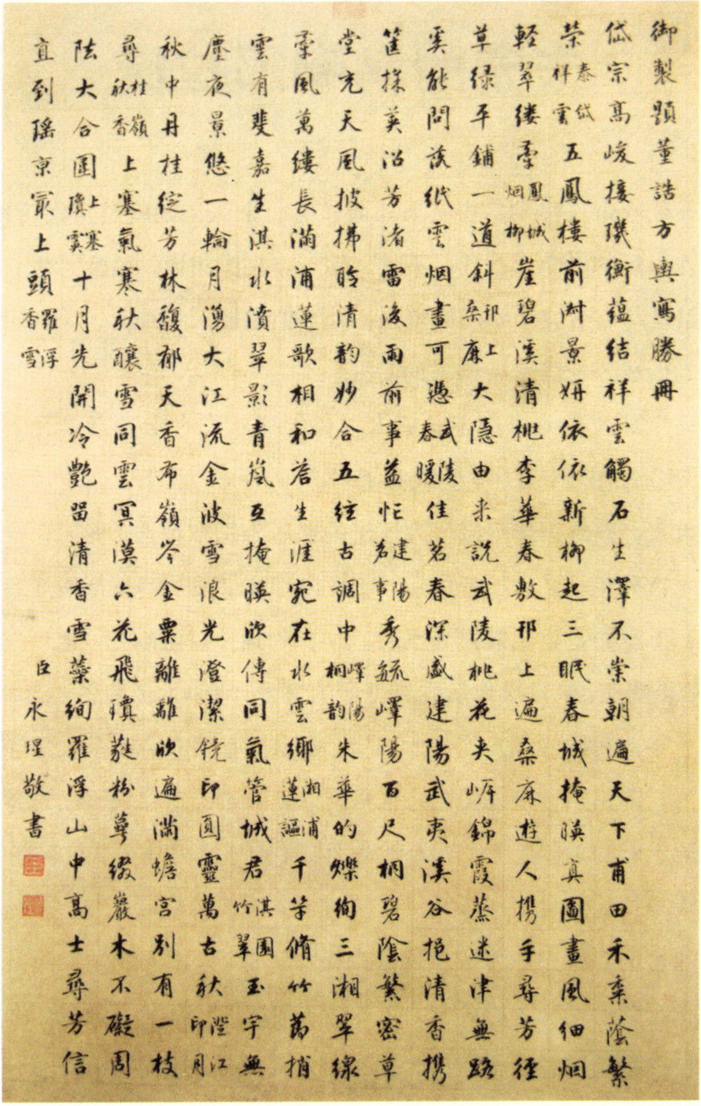

永瑆《御制题董诰方舆写胜册》

库，自此开了清代以亲王统领军机处先例。道光年间，与其兄永璇一样，免宴见行叩拜礼，仍在内廷谋事。谥哲。著有《听雨书屋诗集》、《诒晋斋集》、《苍龙集》，与翁方纲、刘墉、铁保合称乾、嘉时代四大书家。

失宠的乌喇那拉氏

在乾隆帝裕陵地宫中其实还应该有一个人，她就是富察氏死后，被封为皇后的乌喇那拉氏。不过，她与富察氏相比，虽然同为一国之母，但是却有着完全不同的境遇。她不但未能入葬地宫，而且还因忤旨剪发而成为乾隆帝所憎恶的女人。

乌喇那拉氏为满洲正黄旗人，佐领那尔布之女。康熙五十七年(1718年)二月初十日生，比乾隆帝小7岁。大约在十三四岁时经选秀女而入宫，被雍正帝赐给时为皇子的弘历为侧室福晋。此时，富察氏早已入宫数年。弘历继帝位后，于乾隆二年(1737年)举行册立后妃大典时，26岁的富察氏被封为皇后，21岁的她被封为娴妃。她以气度娴雅，举止端庄，很得皇太后乾隆母亲的喜爱，孝顺的乾隆帝遵母命，于乾隆十年晋封她为娴贵妃。十三年，富察氏皇后身亡，皇太后提议册立她为新的皇后，以佐内政，摄六宫。乾隆帝念富察氏刚刚过世，因此不肯立即封后，直至十五年的八月，才迫于各方压力，封时年32岁的乌喇那拉氏为皇后。从此，她接替了富察氏的皇后之位。但是，她在乾隆帝的心目中从未取代过富察氏孝贤皇后的位置，她仅为皇后15年，就遭到了乾隆帝的废弃。事件缘于乾隆三十年，这年的二月，乌喇那拉氏皇后随乾隆帝及皇太后一行千人下江南巡察。初十日，正是皇后的48岁生日，因为在杭州的行途中多有不便，于是就“停止行礼筵宴”。这令乌喇那拉氏皇后很是郁闷，不免在言行举止中流露出自己的不满。与此同时，情绪不佳的她，又因其它的事情与乾隆帝发生争执，侍奉皇太后时也不能尽孝道，并且有不顾皇室所忌，自行剪发等失去理智的举动，这令乾隆帝很是不高兴，于是令额驸福隆安送她先期返回京城。数日后，乾隆帝才率领众人奉皇太后启銮北归。

乾隆帝回到京师后，怒气未消，决定以乌喇那拉氏行为异常，有病为由将其皇后之名废掉。该决定一出，立即引起朝中文武大臣的极力反对。乾隆帝只好作罢，但是，为了解除心头之恨，他还是下令将乌喇那拉氏进宫30年来所有的册封、册宝等全部收回，同时，又钦点大学士傅恒为正使、协办大学士为副使，持节，册封令贵妃魏氏为皇贵妃，代行皇后之职，统摄六宫。乌喇那拉氏的皇后之位已成为名存实亡的虚位。

事后一年有余，乌喇那拉氏就在乾隆帝恩断义绝中，凄凄凉凉地过世了。当时，乾隆帝正率领众妃嫔嫱、皇子皇孙及王公大臣们在河北承德行围打猎，听到这一消息，他并没有停止游猎，只是淡淡地打发乌喇那拉氏所生之子永璂回京料理后事，并且发了一道对乌喇那拉氏降低殡葬等级的谕旨，言她的葬礼“不便复循孝贤皇后大事办理，所有丧仪止可照皇贵妃例行，交内务大臣承办。”显然，乾隆帝对乌喇那拉氏生前的行为仍然不加宽恕。因此，她死后没有单独的地宫，没有与乾隆帝合葬，其棺椁只是寄存在纯惠皇贵妃苏佳氏的地宫中，更无碑记勒石，每年的忌辰及清明、中元、岁暮、冬至这些重大的祭日均不享祭，更不用说配享宗庙了。

乌喇那拉氏为乾隆帝生有皇十二子永璂、十三子永璟及皇五女。永璂(1752—1776年)受其母忤旨剪发的牵连，失宠于乾隆帝。直至24岁逝世都没有得到谥爵，成为皇子中地位最低下者。嘉庆四年(1799年)时才被嘉庆帝追封为贝勒，生前著有《日课诗稿》。永璟(1755—1757年)、皇五女(1753—1755年)均3岁夭折。

香妃的传说

乾隆帝数十位后妃中，令世人感兴趣的人物除了皇后富察氏、乌喇那拉氏，就是香妃了。社会上有关香妃的传闻很多，《清朝野史大观》、《清宫历史演义》以及小说、诗词、故事等都有对她的记载，戏剧舞台中也有由她的宫廷生活而演义出的各种言情剧。香妃受人们关注的原因主要有三点：一是好奇，因为她是乾隆帝众后妃中惟一的维吾尔族女性；二是奇怪，因为传说她之所以叫香妃，是因为她生来身上就带有奇香，根本不用熏沐就能体内自然生香；三是敬佩，因为据说她入皇宫后，乾隆帝专门建造有新疆特色的宝月楼取悦于她，并且允许她在宫中不改变民族习惯，仍穿戴本民族的衣物等，但是她仍然“抗节不屈”，最后，被皇太后乘机缢杀，等等。

事实上，人们所说的香妃，就是乾隆帝的容妃。她的确是乾隆帝后宫中惟一的维吾尔族女子，原名买木热，是原新疆回教始祖派噶木

《塞宴四事图》（局部）

香妃的荷包

巴尔的后裔，祖先生活在叶尔羌之喀什噶尔(今喀什)地区，父亲阿里和卓(或称艾力和卓)是当地的回人贵族。其兄长图尔都(汉名图地公)、叔叔额色尹、堂兄玛木特曾配合清军，在平定回部霍集占大小和卓木叛乱时立下战功。乾隆二十五年(1760年)，其兄图尔都等人奉命到京城，接受乾隆帝的封爵、奖赏，27岁的买木热亦一同前往。此时，乾隆帝49岁，见她颇具姿色，又考虑到联姻是巩固与维吾尔族贵族间友好关系的最佳手段，于是，当即将她纳入后宫，封为贵人，宫中认为她姓和卓，因此称“和贵人”，在乾隆二十五年二月初四日的档案中，已可见“新封和贵人”字样的条文。她也就成为清代后妃进宫时，年龄最长的一位。她独自身在异乡，又是处于礼节繁复的皇宫之中，不得不整日小心谨慎、谦和礼让，因此，很得乾隆帝和其母亲的喜爱。入宫不到二年，她就“以克襄内职，册封容嫔”。33岁时又晋升为妃，称容妃，成为乾隆帝一生册封的18位有名位的后妃中最后一位。她48岁时，在乾隆帝于正月十五日圆明园举办的大型家宴上，其座次已升到了西边头桌的首位，同年的十二月，在乾清宫举办的大宴上，她又升格到了东边首桌的第二位，此时，她在宫中的地位已达到了顶峰。

纯惠皇贵妃园寝外景

乾隆帝对这位异族妃子十分宠爱，他尊重她的伊斯兰教信仰，专门在京城建造清真礼拜寺；尊重她的饮食习惯，专门聘回族厨师努倪马特，为她做家乡的可口饭菜，并且按照她的生活习俗赏赐其食品，如狍子肉、羊肉等；允许她不按典制穿戴相应的服饰，在郎世宁等宫廷画家所绘《塞宴四事图》中，有一组乾隆帝妃嫔们的画像，其中第三排、戴毛边毡帽，衣着打扮与众不同的女子，当是，入宫后始终保持本民族习俗的回族女子容妃。不仅如此，乾隆帝每每到各地巡察、狩猎都不忘带上她，希望在尽情的游玩观赏中，减轻她心头难以抹去的丝丝乡愁。乾隆帝为了博得她的欢心，每逢其生辰寿日或者重大的节庆活动，都毫不吝啬地赏赐给她大批的衣、食、珍宝等。粗略统计，头面簪钗镶嵌的东珠、正珠等各种珍珠就有2436颗之多，各种红、蓝宝石等有160余块，各式缎、纱、绸、皮袍、褂成衣有240余件，此外，还有各种质地的如意、精美的雕漆盒、珍贵的金、玉手镯等。

乾隆五十三年(1788年)四月十九日容妃病逝于宫中，享年55岁。

于当年的九月二十五日下葬在乾隆帝裕陵妃园寝中，这座陵园位于河北遵化县的昌瑞山下，建于乾隆十年，初名妃衙门，后因入葬纯惠皇贵妃而改称纯惠皇贵妃园寝。它里边埋葬着乾隆帝36位妃嫔，包括由皇后降为妃的乌喇那拉氏。容妃的梓宫就排在妃园寝明楼东第二排第一个。她的棺木外涂红漆，在棺木的顶部有数行以金漆书写的回文，字意是：以真主的名义。棺木的上方镌写有可兰经经文。

容妃虽然在宫中生活了28年，但是并没有为乾隆帝生育儿女，所以她留下的大批遗物，除随葬一部分外，剩余的宝石、正珠、绵袍、玉器、瓷器等都奉旨分赠给宫中的妃嫔及公主们留作纪念，同时也分赠一部分给她的亲属及服侍她的太监、宫女等人，还有一部分交国库收存。获得容妃遗物最多的，是乾隆帝的两个宝贝女儿。一位是年届58岁的最年长公主固伦和敬公主，另一位是最年幼的小公主固伦和孝公主。

容妃地宫

乾隆帝的妃嫔

据统计，乾隆帝的后宫有皇后3位、皇贵妃5位、贵妃5位、妃6位、嫔6位、贵人12位、常在12位及众多的答应，其数量之多，在清代皇帝中仅次于康熙帝。

乾隆帝后宫的女眷们，来自于满、汉、蒙以及维吾尔族等不同的民族和地区。她们通过联姻这一纽带，与乾隆帝组成了一个最为庞大的、多民族的帝后大家庭。这实际上也是乾隆帝民族政策在个人家族生活中的灵活运用。

《万国来朝图》（局部）

图为年迈的乾隆帝与家眷一道在元旦之日，朝贺新年的热闹景象

《万国来朝图》（局部）
妃嫔们在紧张地注视着皇子们点放鞭炮

在故宫博物院所藏由宫廷画家创作的多幅写实画《万国来朝图》中，可见乾隆帝的部分妃嫔们，在元旦佳节之际，与乾隆帝及皇子们接受文武大臣、国外使臣朝贺新年时的身影。

乾隆帝周围的这些后妃们之间没有民族歧视，只有等级之分，地位由高至低，依次为：皇后、皇贵妃、贵妃、妃、嫔、贵人、常在、答应8个等级，分别居住在紫禁城内的东西12宫中。东6宫为景仁、承乾、钟粹、延禧、永和、景阳；西6宫为永寿、翊坤、储秀、启祥、长春、咸福。每个等级间的升降，全由所侍皇帝一人评定，不同的等级享受的待遇不同，如按宫中的典制，贵人每年赏银150两、嫔是300两。应该说这些宫廷妃嫔们，生活在优越的物质环境与贫乏的精神世界相互叠加的境遇中，她们既是宫廷生活中的主人，也是宫廷生活中的牺牲品。她们常常与孤灯为伴，寒月为伍，难得一见作为夫君的乾隆帝。闺怨成为其婚姻生活中的不眠曲、长恨歌。

〔附录〕

纯惠皇贵妃园寝内主要妃嫔

纯妃像

纯妃

纪　事

苏佳氏(？－1760年)，苏召南之女。雍正年间，入侍弘历藩邸为侧福晋，乾隆二年(1737年)封纯妃，十年晋纯贵妃，二十五年晋纯皇贵妃，当月即逝，谥纯惠皇贵妃。

生育情况

皇三子永璋(1735－1760年)，以乾隆十三年富察氏皇后过世，没有哀伤的表示，受到乾隆帝的严厉谴责。26岁卒，追封为循郡王。

皇六子永瑢(1743－1790年)，号九思主人、西园主人。通天算、工绘画，富文采。乾隆二十四年奉旨出继给皇叔多罗慎靖郡王允禧为嗣，降袭为贝勒。三十七年，晋封为质郡王。五十四年，晋封为和硕质庄亲王，48岁卒。曾任总管内务府大臣、《四库全书》总裁官，成功地主办过乾隆70、80万寿庆典，著有《九思堂诗抄》，倍受乾隆帝器重。生子6人。

皇四女(1745－1767年)，乾隆二十五年，正月封和硕和嘉公主，三月下嫁孝贤皇后侄，即富察氏大学士、一等忠勇公傅恒之子福隆安。福隆安官至兵部尚书兼军机大臣。三十五年，袭一等忠勇公。三十八年加太子太保，追谥勤恪。

庆嫔

纪　事

陆氏(？－1774年)，陆士隆之女，初赐号贵人，乾隆十六年(1751年)册封为庆嫔，累晋庆贵妃。因曾抚育过嘉庆帝颙琰，因此，嘉庆四年(1799年)追谥曰“庆恭皇贵妃”。

庆嫔像

颖嫔

纪　事

巴林氏(1731－1800年)，都统兼轻车都尉讷亲之女。初入宫赐号贵人，乾隆十六年册封为颖嫔，后晋为颖妃，嘉庆三年十月，嘉庆帝奉太上皇乾隆帝敕旨，晋封她为颖贵妃。年70岁卒。

颖嫔像

婉嫔

纪　事

陈氏(1716－1807年)，陈廷璋之女。雍正朝，入侍弘历藩邸。乾隆帝初年，赐号贵人，累晋为妃。嘉庆六年，于寿康宫位次居首，尊封为皇考婉贵太妃。年92岁卒，为乾隆帝最长寿的妃子。

婉嫔像

忻嫔像

忻嫔

纪　事

戴佳氏(？－1764年)，总督那苏图之女。乾隆十九年(1754年)册封为忻嫔，二十八年晋忻妃，第二年亡，以贵妃礼入葬。

生育情况

皇六女(1755－1758年)、八女(1757－1767年)均未嫁夭折。

愉妃

纪　事

珂里叶特氏(1714－1792年)，员外郎额尔吉图之女，雍正朝，入侍弘历藩邸，乾隆初年，赐号为贵人，累晋为妃。寿79岁。按照皇贵妃礼入葬。

生育情况

皇五子永琪(1741－1766年)，号筠亭。精晓武功通满语，颇为乾隆帝所喜爱，三十年封为和硕荣亲王，成为诸皇子中第一个封王者，可惜，4个月后病逝。谥纯。子绵亿等5人。

循嫔

纪　事

伊尔根觉罗氏(？ －1797年)，总督桂林之女，满洲镶蓝旗人，初赐号为贵人，后诏封为循嫔，五十九年(1794年)晋封为循妃。以贵妃礼入葬。

循嫔像

舒妃

纪　事

叶赫那拉氏(1728－1777年)，侍郎永绶之女，14岁时入宫，初号贵人，累晋舒妃。

生育情况

皇十子(1751 － 1753年)，未及取名而幼殇。

舒妃像

豫妃

纪　事

博尔济吉特氏(？ －1773年)，蒙古赛桑根敦之女，乾隆二十三年选入宫，初号贵人，一年后，晋封为豫嫔。二十九年晋封为豫妃。

容妃

容妃

纪　事

和卓氏(1734－1788年)，维吾尔族人，阿里和卓(或称艾力和卓)之女。27岁入宫，封和贵人，乾隆二十七年(1762年)册封为容嫔，三十三年晋封为容妃。终年55岁。

惇妃像

惇妃

纪　事

汪氏(1746－1806年)，都统四格之女。满洲正白旗人，17岁入宫。初封永常在，25岁封为惇嫔，31岁晋封为惇妃，四十三年十一月因殴毙宫婢，降妃为嫔，2年后又复封惇妃。

生育情况

皇十女(1775－1823年)，聪慧乖巧，为乾隆帝最宠爱之女。乾隆四十五年许配大学士和珅之子丰绅殷德，五十二年册封为固伦和孝公主。五十四年下嫁。嘉庆四年(1799年)，和珅伏法。丰绅殷德因公主免连坐，仍留籍产，赐公爵衔。

顺妃

纪　事

钮祜禄氏(1749－？年)，总督爱必达之女，17岁入宫，赐号贵人，三十三年(1768年)册封为顺嫔，四十四年晋封顺妃。五十三年获罪降为贵人，不久即殁，死后以妃礼入葬。

顺妃像

芳妃

纪　事

陈佳氏(？－1801年)，陈廷伦之女，初号常在。乾隆四十年赐号贵人，五十九年晋封为芳嫔，嘉庆三年(1798年)奉太上皇乾隆帝敕旨敬尊为芳妃。

晋妃

纪　事

富察氏(？－1822年)，主事德克精额之女，初赐号贵人，嘉庆年尊封晋妃。历经乾隆、嘉庆、道光三朝。

怡嫔

纪　事

柏佳氏(？－1757年)，柏士彩之女，初赐号贵人，乾隆六年册封怡嫔。

慎嫔

纪　事

拜尔噶斯氏(？ －1794年)，德穆齐赛音察克之女，初入宫赐号伊贵人，乾隆二十七年(1762年)以克襄内职，册封为慎嫔。

诚嫔

纪　事

钮祜禄氏(？ －1784年)，二等侍卫兼佐领穆克登之女，二十二年入宫，赐号兰贵人，乾隆四十一年晋封为诚嫔。遇崇庆皇太后病丧，未行册封礼，3年后追封。

恭嫔

纪　事

林佳氏(？ －1805年)，拜唐阿佛音之女，初入侍宫中封林常在，乾隆十六年赐号林贵人，五十九年再晋封为恭嫔，寿70余岁。

仪嫔

纪　事

黄氏(？ －1736年)，雍正朝入侍弘历藩邸，号格格。乾隆元年未及册封即卒，追封仪嫔，十一年首先入葬此纯惠皇贵妃园寝。

恂嫔

纪　事

霍硕特氏(？ －1761年)，亦作郭氏，台吉乌巴什之女，乾隆二十四年(1759年)六月，封为郭常在，第二年年初晋封为贵人。二十六年随同乾隆帝至承德木兰行猎而亡。追封恂嫔。

瑞贵人

纪　事

索绰络氏(1761－？年)，礼部尚书德保之女。乾隆二十年封瑞贵人，卒于三十一年前。

鄂贵人

纪　事

西林觉罗氏(？－1808年)，巡抚鄂乐舜之女，初入宫赐号常在，乾隆五十九年封鄂贵人，嘉庆时尊为鄂太贵人。

寿贵人

纪　事

柏氏(？－1809年)，乾隆二十九年封为常在，五十九年赐号为寿贵人，嘉庆朝尊为寿太贵人。

纵观乾隆帝的一生，他是一位具有高超统治才能的政治家，在他统治时，清王朝进入全盛期，政局稳定，经济繁荣，军备强大，文化昌盛。可惜他晚年重用揽权擅政贪污腐败的和珅，这不仅为其政治生涯留下了致命的败笔，也为整个清王朝由盛转衰留下了伏笔。

图书在版编目（CIP）数据

乾隆皇帝画传／李湜著．－北京：紫禁城出版社，2005.5

（清代皇帝系列丛书）

ISBN 7-80047-479-8

Ⅰ.乾... Ⅱ.李... Ⅲ.乾隆帝(1711～1799)-传记-画册 Ⅳ.k827=49

中国版本图书馆 CIP 数据核字（2005）第 001657 号

清代皇帝系列丛书

乾隆皇帝画传

李 湜 著

出 版　紫禁城出版社
　　　　（北京市景山前街 4 号故宫博物院内）
发 行　新华书店北京发行所发行
制 版　北京咖啡猫图文设计有限公司
印 刷　北京画中画印刷有限公司
开 本　635mm × 965mm　1/16
字 数　65 千字
彩 图　219 幅
印 张　12
版 次　2005 年 5 月第 1 版
印 次　2005 年 5 月第 1 次印刷
印 数　1-6000 册
书 号　ISBN 7-80047-479-8/K · 229
定 价　32.00 元